U0959410

假如生活在唐朝

沈清婵 著

中国法制出版社
CHINA LEGAL PUBLISHING HOUSE

每个人心里都有一个穿越梦，它是我们心里关于历史、关于未来的想象与追寻。清朝穿越者太多，电视上天天播，早已经不新鲜了，况且去了还得剃头，你好不容易洗剪吹出来的发型可就毁了。穿越到秦汉的话，别的不说，认字就会难倒你。要不，你去唐朝看看？穿越到唐朝的几大理由：一、作为我国古代最繁荣昌盛的朝代之一，你至少在有资金的情况下能吃好喝好睡好玩好；二、作为我国古代最开明开放的朝代之一，你完全不必担心姑娘们裹得严严实实没有看头。当然，穿越到唐朝的好处还有三四五六七八九，等你到了唐朝自己去慢慢发现吧。

给自己取个炫酷的唐朝名字，不用考虑身材地吃成一个胖子，去酒馆里堵李白要个签名，尝尝口味“独特”的唐朝茶，化个妆梳个头换身新衣裳去约帅哥，买房置地娶媳妇，在宴会上看外国姑娘唱唱歌跳跳舞，去科举考场上和未来的官老爷们一起考试，去皇宫和皇帝一起尝尝御膳，去最繁华的长安西市开间小店，去旅店里住一晚总统套房，去喝一喝唐朝的喜酒，领一领唐朝的退休工资……

把你脑海中现实中的烦恼挪走吧，给我们的穿越之旅留出一张时空车票的位置。带上激动和期许，甩掉不安，做好水土不服、审美无能的准备，我们一起穿越吧。带着这本穿越“小贴士”，翻开它，你可以快速找到唐朝生活衣食住行等各个方面的介绍，有助于快速融入唐朝社会，找个好工作，娶个胖而美的姑娘，弄个一官半职，在千年前走上人生巅峰。

准备好了吧？穿越之旅正式开始！

目 录

第一篇　话不能乱说，名字也不能乱起

第二篇　为何我的口中常流口水，因为我对这儿的食物爱得深沉

第三篇　葡萄美酒夜光杯，喝完美酒顺走杯

第四篇　茶都不喝，你是不是唐朝人啊？穿越过来的吧！

第五篇　后天美女，其实很简单哦

第六篇　安得广厦千万间，唐代住房不简单

第七篇　莫问行路有多难，亲自试试就知道

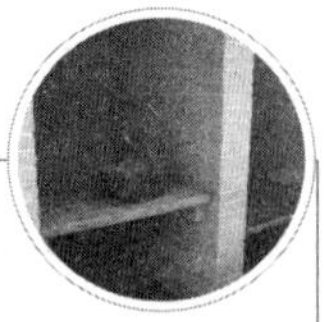

第八篇　科举毁一生，落榜穷三代

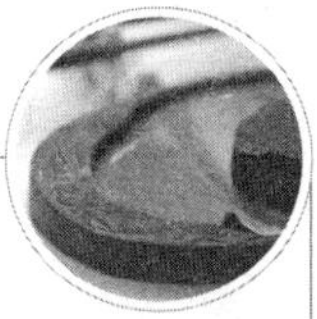

第九篇　喝点墨水，做个唐朝文艺青年

第十篇　人情世故要懂得，红白喜事才能吃得开

第十一篇　唐朝的宗教文化

第十二篇　唱 K 蹦迪，穿越一样 high 翻天

第十三篇　没事别犯法，进去了可没人保你出来

第十四篇　人生七十古来稀，到了法定退休年龄了怎么办

第一篇

话不能乱说，名字也不能乱起

起名是件容易事？太天真了！你到了唐朝，人生地不熟的，要是名字还犯了人家的忌讳，那就太悲剧了。光不出错还不行，你这名字还不能太另类了，不然是会被视作奇葩的。有了靠谱的名字还不行，叫人也不能叫错了。

第1章

起名要避讳，你得注意！|避讳学问

你穿越到了唐朝，先别急着嘚瑟，找一墙角旮旯蹲好，眼前有个重要的人生课题急需思考：你在唐朝叫个什么名字呢？

穿越有风险，起名需谨慎。为了保险起见，本名肯定是不能用了。没想到，刚来唐朝姓名权就得不到保障了。你也别不高兴，多大点事？人在江湖飘，哪能没名号？再费点心思想个名号不就得了。

王二狗、李麻子这样土的名字你肯定不乐意，李白、杜甫这样的重名又重得毫无自知之明，还是想个普通的名字做个普通人吧！不过你可得注意了，在唐朝可不是什么字都能被你拿去做名字的，你得避讳。

避讳分为两种：避国讳和避私讳。

避国讳指的是避当朝天子以及往上数祖宗七代的讳，假如你在写字、起名时脑袋短路犯了国讳，那可是对君王的大不敬，是要受到相应的处罚的。根据《唐律·职制律》的规定，官员上疏奏事的时候要是误犯了国讳，受杖刑八十；口误以及写文书的时候误犯了国讳，要被鞭打五十下；名字犯了国讳的人，要劳役三年。更夸张的是，因为唐朝皇族姓李，为了避讳，执政者下达了一个禁止捕鲤的通令，鲤鱼不仅不会被捕食，甚至还被尊称为“赤鲟公”，真是沾了名字的光啊！

那么有哪些字是国讳呢？你可得记牢了，最好拿个小本本记下来：昞、渊、世、民、治、弘、显、旦、隆、基、亨、豫、诵、纯、恒、湛、涵、昂、炎、忱等字，记住了，这些字的同音字也是国讳，遇见了要么用其他意思差不多的字代替，比如“民”改成“人”，柳宗元《捕蛇者说》里最后一句里的“人风”，就是“民风”的意思。而在人名中因为避讳而改字的例子就多少有些尴尬了：隋朝有员大将名为“韩擒虎”，为了避李渊祖父的讳，人们在写其名字的时候就得写成“韩擒兽”。要是不想强行改字也没关系，你可以在写那个字的时候缺笔或者干脆把那个字用空白代替，甚至可以在空白处写个“讳”或者“某”来代替你避讳的那个字。

避讳的另一种类型是避私讳。在唐朝，人们需要对自己祖上三代避讳，以显示对祖宗的尊敬。举个例子吧，唐朝的著名诗人杜甫，父亲的名字叫“杜闲”，为了避“闲”字的讳，杜甫写了一辈子的诗，却没在诗中用过“闲”字。他的母亲名叫海棠，因为这一点，杜甫这一辈子也从没写过海棠诗。

不过私讳于你是没什么关系的，毕竟在唐朝，别人连你是谁都不知道，更别说你的祖上三代了，你想避讳也够不着。你只需要在平时的人际交往中不要犯了朋友、上司、尊长的私讳就行了。别让唐朝人觉得咱现代人没有礼貌。

行了，弄清楚了避讳是怎么回事，你基本不会因为这个犯什么错误了。蹲那么久腿都麻了，赶紧起来吧，你可以在大唐的土地上边熟悉环境边继续想想名字。

第2章

名字入乡随俗是正理|取名之道

你在长安城的街道上闲逛，也没瞅见多么繁华的景象，满眼所见不过是房子，房子，房子。原来，你走到了坊里。长安城被三十八条街道切割成一百多个坊，相当于今天的住宅小区。

要是碰巧遇上个出来倒夜壶的居民，你就扯住了问问，现在是什么时辰，步行去东西市要怎么走，需要走多久。人家多半会热心地一一回答你，还会强烈推荐你去西市逛逛。西市是长安城里最繁华热闹的商业中心，位于城西。而东市虽然也是商业聚集地，但是由于城东大多住着长安的贵族官僚，人家不差钱，所以东市出卖的东西比较高端大气上档次，普通百姓买不起，自然就不往这跑。因此西市才是整个长安城里最繁华的地段。用现在的话说，那可都是黄金商铺啊！

按照坊间百姓的指示，你踩着泥土路往西市走去。

可别光顾着埋头走路，你的唐朝名字还没有想好呢。

先从姓开始，你要是想用自己祖宗的姓那是再好不过，因为不管是在唐朝还是在现在，改姓表示离开本宗，如果不是必要的情况，一般人是不会轻易改姓的。那么哪些是“必要的情况”呢？唐朝的皇帝有赐姓的爱好，喜欢把李唐王朝的国姓赐给功勋卓著的臣子，以表示对其的嘉奖与恩宠。比如唐代著名的政治家、军事家李勣，原姓徐，因功勋卓著被唐高祖李渊赐姓李。

当然也有反面的例子，那就是一些犯了罪的人会被勒令改姓。例如武则天最痛恨的两大情敌、历史上著名的王皇后和萧淑妃，就在与武则天斗争失败后被勒令分别改姓为“蟒”氏和“枭”氏。其他还有一些非必要情况，比如少数民族在汉化过程中改了姓，但这种情况不太常见。

所以，你还是该姓什么姓什么吧。

再来说说名字，正所谓入乡随俗，你最好了解一下唐朝人起名的习惯，这样你想出的小号才会毫无违和感。

想必你一定记得，语文课本上的古诗下面的注释：某某，唐代诗人，字某某，号某某。拎个大典型出来：李白，唐代诗人，字太白，号青莲居士。再拎一个：杜甫，唐代诗人，字子美，号杜陵野叟。继续拎：白居易，唐代诗人，字乐天，号香山居士。

好吧，你明白了吧？诗人约等于“事儿人”，称呼都得那么多。在唐朝，名是名，字是字，大多不是自己起的。名和字也就算了，诗人们自己还得整个别号出来。起的人多了，也便形成了风气，上自帝王下至百姓，都喜欢给自己起别号。虽然你从小就背唐诗三百首，但你穿越过来可不是为了抢人饭碗的。既然作诗不是你的营生，那咱就不费那么多事，规规矩矩想个名字完事。

那么，字和号有什么区别呢？首先说说字，从名的含义派生出的另一个符号就叫作“字”。字是从名儿上派生出来的，它对名儿有表述、阐明的作用，所以又叫“表字”。那么为什么要取字呢？这是因为名是父亲起的，是孩童时期用的，长大成人了，别人不宜呼叫他的名，所以得另取字，用作平辈之间互相称呼。而号最初是山间隐士们发明的，他们不仅要把自己藏起来，还要把真实姓名也隐藏起来，自己另取一个名字来指代自己。相对于名和字来说，号要随意得多，想怎么起就怎么起，想起多少就起多少，而且可以随便改。于是，号就变成了文人雅士们表现个性的产物。

如果你是个姑娘，那大可以取个叠字名儿。就像崔莺莺、关盼盼、张好好这样的。当然，叠字名可不是姑娘们的专利，唐朝的男子取叠字名的也很常见，这在唐朝是很流行的。

如果你是个 24K 纯爷们儿，你也可以给自己取个姑娘的名字。别担心，在唐朝，没有人会嘲笑你的。因为这是唐朝一个小小的时代特色。唐朝有个大将军叫李君羡，战功赫赫，英勇无敌。可你知道他的小名叫啥吗？竟然叫五娘！好了，别笑了，唐朝取女性名字的男子多了去了，你一个个地笑得笑到什么时候？你自己也可以叫个“小花”“小翠”什么的，放心吧，你远在21世纪的亲友是不会知道的。

如果你自认为才艺过人，想在唐朝做个伶人，那你可以想个姓与名相连成义的名字。比如你姓罗，那就叫“罗裙短”，要是姓叶，那就叫“叶子落”。哎！等等，这只是举例而已，可不能随便拿来用。要知道你现在可是在一个被诗浸润着的朝代，伶人又是常常要和文人打交道的，这样的名字似乎不太符合时代要求。“罗绮衫”“叶飘零”这样的，才是像样的伶人名。

眼看着快到西市了，你想好了没？抓紧点，马上就要开市了。你要实在想不出也没关系，唐朝人有个天真烂漫的喜好：替人取外号！说不定你走在大街上，别人就依据你的姿态、穿戴、神情等等，给你取个诨号呢。你还别不相信，唐朝人就爱这么干。李林甫知道不？别人给他起的诨号那可不怎么好听，什么“肉腰刀”“李猫”“索斗鸡”，看看，还不是一个两个。大概是为人过于奸诈残忍，引起了众人的愤怒，才得了这许多外号。这可不是个例，在唐代，做官的谁要没个诨名，那只能说，这人太没有特点了。在寻常百姓中，给人起诨名也是一种时尚，人们对诨名的热衷大概就像现代人对英文名的热衷一样吧。

第3章

见人称呼不能乱叫|称呼问题

你到了西市，要是正赶上大门紧闭，那你得抓个跟你一起在门口等开门的长安市民问问，现在是什么时辰，离开市还要多久。可是，你扯着人家的袖子，该怎么开口呢？怎么称呼人家？师傅？同志？帅哥？美女？

要是你扯住的是位男性，你就估摸着年纪，上了年纪的你就叫一声“老郎”“老丈”“丈人”，你可别连起来叫人“老丈人”，人家可不会因为你叫他一声就认你做女婿；要是你询问的对象是位年轻男子，那你就可以叫他“郎君”，你要不嫌肉麻也可以觍着脸叫人家“贤郎”；要是你碰巧遇上个小少年，叫一声“小郎君”就可以了。

要是你扯住的是位女性，看着实在是奶奶辈的，你就恭恭敬敬叫一声“老夫人”就行了；要是姐姐辈的或者是阿姨辈的，就叫声“娘子”；要是个萌萌的小女孩，叫声“小娘子”，人家也不会以为你要调戏她，因为这是常规叫法，人家小娘子早就习惯了。

在唐朝，平常百姓称呼祖父母为“阿翁”“阿婆”，称呼父亲母亲为“阿耶”（阿爷）“阿娘”或者“耶耶”（爷爷）“娘娘”。这都比较容易接受，毕竟“耶娘妻子走相送”咱们都背过也翻译过。而下面要说的就冷门而劲爆了：唐朝时期，父亲的另一种称呼是“哥哥”！是的，你没看错，我也没写错，的确是可以叫父亲“哥哥”。那你要问了，父亲叫“哥哥”，那管真正的哥哥叫什么？你可以亲切地唤作“阿兄”或者根据家里的排行唤作“二兄”“八兄”“十三兄”什么的。除此之外，南方地区还称父亲为“郎罢”，就是“郎爸”

的意思。而到了一些正式场合，比如见客、婚嫁之类的场合，或者是你犯了错误惹得父颜大怒要挨鞭子的时候，你就得恭恭敬敬地叫你老爸“父亲”或者“大人”了。对，不要怀疑，确实是可以叫“大人”。唐代的大人可不是用来叫官老爷的。你以后见了官老爷可别乱叫，搞不好人家会吓一跳以为你是从哪冒出来的私生子。对于比自己辈分低的人，就没有那么多讲究了，直接称呼他的名字就行，或者叫他的小名也行。

假如有朝一日你入朝为官，那对天子、对同僚要怎么称呼呢？

先说对皇帝的称谓，我们最熟悉的就是“皇上”了，但是这个称谓并不准确，在现实中的唐朝，是不用于口头称呼的。“陛下”“圣人”“主上”这些才是一般臣子对皇帝的正确称谓。

唐朝人可以称呼皇帝为“郎”，通常情况下在前面加上皇帝的排行，例如，唐太宗李世民就被称为“三郎”。或者称为“郎主”“郎君”。上到宫人官员，下到寻常百姓，都可以这么叫，听起来是不是有种君民一家、异常亲切的感觉？

官员间也可以互相称对方“郎”，同样可以在前面缀上排行。想象一下下朝后，“二郎，你八姨太生了没？”“四郎，昨天那酒真不错啊”“七郎，你刚刚的看法我很不赞同”。

除了“郎”来“郎”去，官员间还可以直接称呼对方“姓＋官职”。

如果你要表达自己对官员的尊敬，那可以用“姓＋公”这样的组合，听起来有种德高望重的感觉，人家官员听了准高兴。

若是你不小心穿越成了个皇子，面对后宫的各位娘娘们，该如何称呼呢？无论你是嫡出皇子还是庶出皇子，都要称呼皇后为“娘”“母亲”“皇后殿下”；若你是庶出皇子，那你只能称呼生母为阿姨。若是嫡出皇子，称呼父亲的嫔妃便可直接以“姓＋嫔妃”封号。

关于称呼，就说这么多吧，如果你那嘴跟抹了蜜似的，唐朝人还是会挺待见你的，毕竟不管在哪个年代，人们对于给自己拍马屁的人，都没什么抵抗力呀。

第二篇

为何我的口中常流口水，因为我对这儿的食物爱得深沉

不管主食零食，好吃才是王道。以为唐朝人都是喝水喝胖的？你来了这里，就敞开了肚子使劲吃。没有地沟油，让你吃得放心，胖得安心。本土的食物尝遍了，没关系，还可以去外国人开的店里尝尝异域口味啊。

第1章

米食与面食的主食之争 | 唐朝主食

啧啧啧，我就知道，你眼巴巴地等着这一章呢！大老远地穿越过来，不把胃犒劳好了简直对不起唐朝全体餐饮业工作者。而且你要是个纤弱的姑娘，不在唐朝吃胖个二三十斤，在这个以胖为美的社会，说不定就给熬成了个大龄剩女。

正午时分，你捂着耳朵等着开市的鼓声敲完两百下，就可以挤在人群里逛市场了。走在大街上，你会发现，盛世大唐可真不是吹出来的。看看这繁华的街巷，跟现在的上海比都不差什么。街边的店铺真是什么都有：吃的喝的穿的玩的，多得让你眼花缭乱，目不暇接。每家店都装修得挺有特色的，酒肆门口放个酒壶当装饰品，还插着幌子。饭店门口有美女招揽客人，仔细一看，有的美女竟然是蓝眼睛高鼻梁的外国人！除了店铺，沿街的小摊贩也是不少，卖书的，卖药的，卖玩具的，卖零食的，卖字的……简直没有你想不到的！

眼睛已经被这些琳琅满目的商品晃晕了，鼻子可还灵着呢。这边饼的香味刚被你搜索到，那边汤的香味又把你吸引了。

嘿，别光顾着闻，快过去看看吧。等等，把口水咽回去先。你有钱吗？别掏了，你兜里那些人民币唐朝人可都不认识。一文钱连英雄汉都能逼死，还怕逼不死一个大吃货？别愣着了，快找间当铺把值钱的东西当了吧！唐朝的当铺分很多种，最初的典当业居然是被寺院垄断的，别说，唐朝的和尚还挺有商业头脑的！除了僧办的当铺之外呢，唐朝还兴起了民办和官办两种类型的当铺。民办的不用说，自然是有钱的商人或者地主开办的。而官办的有两种投资渠道：一种是官僚自己掏腰包投资，一种是政府出资。你自己掂量着，哪个当铺合算些。有了这么多钱，往哪放啊？别急，看，那边有家柜坊。柜坊是唐代专营钱币存放与借贷的机构。你可以把钱寄存在里面。等到要用的时候，拿着寄存时店家给你的帖或者是双方认定的信物去取就行了。怎么样，是不是很方便？就跟今天的银行差不多，区别在于柜坊需要你交保管费，而银行得给你利息。

你要是只在长安转悠那还好，没钱了就去柜坊取。要是去了外地，就得把钱都取出来带在身上吗？不用这么麻烦，因为有飞钱。飞钱类似于今天的汇票，也叫作“便换”。你去经营飞钱的地方把钱存着，换一张券。这张券就是你存钱的凭证了，基本上全国通用，就跟现在的存折似的。你去了外埠找到经营飞钱的地方，把这凭证拿出来，就可以提钱出来了。

好了，揣好钱，去拯救肚里的馋虫吧！你看见一家名为“长安食坊”的店铺，走进去一坐，把钱往桌上一拍：“小二，你们这都有些什么呀？”小二忙不迭地回你：“什么都有，您若是想吃饼，胡饼、蒸饼和汤饼都在锅里热乎着呢。若是想吃饭，稻米饭、粟米饭、黍米饭一样不少。”你听晕乎了，什么都想试试却又害怕不好吃，于是大手一挥：“就给我来碗水饺吧！”

嘿，人家小二可要丈二和尚摸不着头脑了：第一，这水饺是个什么玩意儿？第二，小二是谁？我明明排行老三呀！而且我的表字也不叫小二呀！

不是人家唐朝人没见识，是你说话的方式不对，你应该说：“博士，来碗汤中牢丸！”没错，在唐朝，饺子这个称呼还没被发明出来，水饺、蒸饺之类的通通不叫这个名字。唐朝人称呼饺子为“牢丸”，水饺就被叫作“汤中牢丸”，蒸饺就叫作“笼上牢丸”啦。而小二也不叫小二，别跟着电视剧里乱叫。“小二”的唐朝说法是“博士”。别那么惊讶，此博士非彼博士，这是唐朝对服务业工作者的特定称谓。

你要是跟小二，哦不，博士，说来碗馄饨，也是能被正确理解的。因为唐朝的饺子和馄饨是一个意思，只不过馄饨的称呼已经先于饺子出现了。在北方地区，馄饨也是过年必备的食品。过年时吃的馄饨被称为“年馄饨”。旁边如果有热心的食客跟你攀谈起来，人家可能会告诉你，在长安，最著名的馄饨要数颁政坊的萧家馄饨了。等你哪天有空溜达去了颁政坊，可一定要去尝尝这唐朝的“网红馄饨”。

吃完一碗热腾腾的“汤中牢丸”，也只不过捞了个半饱。那你付完钱就去别家店看看吧。再去吃点什么呢？再吃点其他饼吧。为什么要说“再”？因为你刚刚吃的那碗“汤中牢丸”，在唐朝也算是饼。不要那么惊讶，在唐朝，水里煮的面食，水饺、面条、面疙瘩、面片等等，都算是饼，它们的大名叫作“汤饼”。汤饼中除了馄饨十分受人喜爱外，面条也十分吃香。唐朝人把面条叫作“汤饼”“索饼”“冷陶”等。其中“冷陶”指的是凉面。杜甫写过这样的诗句：“青青高槐叶，采掇付中厨。新面来近市，汁滓宛相俱。入鼎资过熟，加餐愁欲无。碧鲜俱照箸，香饭兼苞芦。经齿冷于雪，劝人投此珠。”这首诗不仅写出了冷陶这种食品的美味，还介绍了它的制作工序。看来杜甫十分喜欢吃冷陶啊。

除了汤饼之外，唐朝著名的饼还有胡饼和蒸饼。

胡饼，一听名字就知道，这是西域来客卖的饼。唐朝是个开明的朝代，民族融合十分紧密。很多西域人在长安做生意甚至安家落户。胡饼就是唐朝百姓最爱吃的西域食品之一，是居家旅游馈赠亲友之佳品。你还别不信，看看大诗人白居易的这首诗吧：胡麻饼样学京都，面脆油香出新炉。寄与饥馋杨大使，尝看得似辅兴无？这首《寄胡麻饼与杨万州》简单明了地向我们交代了这样一件事：白大诗人自己在忠州吃到了堪比京都手艺的胡饼，还不忘寄给“饥馋”的杨大使，让他品鉴一下这胡饼的口味像不像出自京城做胡饼最有名的店——辅兴坊。而诗中所说的胡麻饼呢，就是在胡饼上撒上胡麻制成的。这种胡麻饼可以是没有馅的，也可以根据个人喜好在里面包上各种馅。通常包得最多的是肉馅，称为“肉胡麻饼”。但是普通老百姓没有那么多钱买肉，所以大多吃无馅的胡麻饼。达官贵人们这些所谓的“肉食者”，才能常常吃到好吃的肉胡麻饼。

你刚准备掏钱买块肉麻胡饼尝尝鲜，开饼店的老板便向你推荐了胡饼中的战斗机“古楼子”。

这古楼子可真正是富人才吃得起的美食，是在胡饼中间放上羊肉，辅之以花椒、豆豉等作料，在炉中烤制而成的。小心点，你的口水都快滴在人家的饼上了。想吃就快赶紧买一块吧！

这边肉胡麻饼刚咬了一半，那边卖蒸饼的小贩的吆喝声又把你的魂勾去了。

蒸饼？这蒸饼是个什么饼呢？快过去看看吧。原来啊，这蒸饼就是我们现在的馒头、包子之类蒸熟吃的面食。不过你在小贩的蒸笼里可很难找着馒头君那臃肿的身影。因为唐朝的馒头大多是用来祭祀的，一般不拿来吃。馒头的唐朝名字有很多，除了沿用至今的“馒头”，还有“钉坐”“加钉”“曼头”这些小号。

包子馒头叫蒸饼，水饺面条叫汤饼，这可有意思了。敢情唐朝跟面有关的都叫饼？你要这么说也差不多，面食在唐朝食品界可是称王称霸的，尤其是在北方。直到今天，北方也基本是以面食为主食的。除此之外，米食也是有着极其重要地位的。

北方的大米比较稀缺，于是政府给想了个办法，那就是把南方的大米运到北方来，杜甫有诗云“稻米流脂粟米白，公私仓廪俱丰实”，说的就是来自南方的大米让北方人民不愁米吃的事情，所以你在长安城里不要担心吃不到亲爱的大米。

政府为了保证“肉食者”们吃饱了肚子多干活，有这样的明文规定：政府每月依据品级给在京城做官的官吏发禄米。你也怪不得那么多读书人挤破头地考科举，当了官，每月发钱还发米，何乐而不为呢？你要是准备在唐朝长住，也可以考虑悬梁刺股弄个官当当，吃着唐朝大米，在千年前饱食着过完一生。

扯远了，继续回来觅食吧。你在西市上四处瞧瞧，准能看见卖米食的店。不过你在街市上买到的米饭，大多是粟米饭，也就是我们常说的小米饭。因为长安是北方地区，不适宜大规模种植稻米。粟米就粟米吧，味道也是很不错的。如果你去哪位大官家里做客，说不定就能吃上正儿八经的稻米饭了。为啥呀，上文不是说了吗，朝廷给发大米呀。南方人因为广泛种植水稻，以稻米为主食也是自然而然的事情了。

说起米食，它的花样可不比面食的花样少。在唐朝，你可以吃到稻米、小米、黄粱、青粱、白粱米、黍米做成的米饭，配上几盘小炒，果腹又解馋。

在唐朝，有种饭你一听就会觉得很亲切——盖浇饭！不过这盖浇饭虽然跟你平常吃的盖浇饭是一样的，可是在这里却不叫“盖浇饭”这个名字，它根据不同的食材有不同的唐朝名字。比如唐朝有个十分著名的“御皇王母饭”，就是在饭上浇上肉丝和蛋等美食制成的盖浇饭。这种高大上的食物只有在贵族宴会或者是宫廷的饭桌上才会被端出来，像你这样的普通百姓是吃不到的。

如果你穿越之前在江南生活过，那你一定吃过“乌饭”吧。其实，吃乌饭的历史在唐朝就已经有了。乌饭是“乌米”煮成的。“乌米”又叫“青精米”。这种米的米粒十分细小，在制作过程中需要把米浸在南烛树的树叶捣成的汁里，制成之后米饭便呈现出黑色，由是被称作“乌饭”或者“黑饭”。

关于乌饭的来历，有这样的两个民间传说。第一个是江苏溧阳地区的民间传说“目连救母”。目连是释迦牟尼的弟子，他的母亲被关进了十八层地狱饿鬼道。目连得道之后，费尽千辛万苦，才终于得以去地狱看望母亲。目连每次探望母亲都会准备好饭菜。但是每次都会被饿鬼道里的饿鬼狱卒抢吃一空，母亲依旧得挨饿。目连为了让母亲不再挨饿，挖空心思想办法。农历四月初八这一天，目连在山上无意间摘下一片南烛树的叶子放入嘴中咀嚼，他惊奇地发现这种树叶十分可口，汁液乌黑。目连将这种树叶拿回家捣碎，用汁液浸米煮成饭，将这乌黑的饭拿去给母亲吃。饿鬼道的饿鬼狱卒们看到这乌黑的饭，认为一定很难吃，于是就没有抢着吃，目连的母亲才得以吃上了饱饭。最后，在目连的努力下，母亲成功脱离了饿鬼道。为了纪念目连，赞扬他的孝心和机智，溧阳人每年农历四月初八这一天都要吃乌饭。

第二个传说就比较接地气一点了，没有什么神话色彩。相传，古时候有一位叫石驮的农民犯了罪，被抓到县衙里去坐牢。那时的监狱可没有“牢饭”给罪犯吃。犯了罪被关起来的人必须得由家人送饭续命，不然就会被饿死。石驮的妻子明珠为了方便给他送饭，挑着大米住到了县城的亲戚家里。可是，明珠为丈夫做的可口的饭菜大部分都进了狱卒的肚子里，石驮吃到的只是一些残羹冷炙。明珠看着越来越瘦的丈夫，心里十分着急。后来，聪明的明珠想了个好办法，她去山上采了许多南烛树叶，用它的汁液煮了一锅黑黑的米饭。虽然看起来让人没什么食欲，可实际上味道好极了。狱卒们都被这乌饭的外表欺骗了，认为是坏掉的饭，便不再抢着吃了。石驮终于吃上了饱饭，并于一年后刑满释放。

为了纪念贤惠聪明的明珠，当地的人们每年农历四月初八都要吃乌饭。等等，为什么是四月初八呢？因为这一天是明珠的生日呀。

你有没有发现，这两个传说里，都有吃货狱卒，而乌饭呢，凭借不讨喜的外表骗过了吃货的眼睛，到了该吃的人的肚子里。看来不仅人不可貌相，饭也不可貌相。

听了这乌饭的传说，是不是想吃了呢？别想了，这是在京都长安，哪来的乌饭啊。等你哪天去了江南再说吧。看，这儿有家粥店。客官，里边请吧。

这位客官，小店特供胡麻粥、杏仁饧粥、大麦粥、桃花粥、杨花粥、地黄粥、云母粥、茗粥、防风粥，咦，客官您怎么晕了？我还没说完呢。

唐朝的粥大部分是冷粥，是广大人民群众寒食节的时候必吃的食物。在日常生活中，人们也时不时地弄锅粥吃。口味也有很多种，比如店家刚刚跟你说的杏仁饧粥，就是将杏仁和糖放在粳米、小麦里煮成的，味道甜甜的，很受孩子们的钟爱。还有一种防风粥，有祛风解表、散寒止痛的功效。它的制作方法是“取防风、葱白煎取，去渣取汁。洗净粳米煮粥，待粥将熟时加入药汁，煮成稀粥”。看明白没，这里的“防风”是一味药材。冯贽在《云仙杂记·防风粥》中记载了这样一件事：“白居易在翰林，赐防风粥一瓯，剔取防风得五合余，食之口香七日。”这粥的功效不简单吧，又有白居易这么个大牌做形象代言人，不火都难哪！

第2章

就算到了唐朝，也要上得厅堂下得厨房|烧尾宴

假如你穿越到唐朝成了一位新晋官员的妻子，为了庆祝夫君升迁之喜，感谢广大亲朋好友上司同僚长期以来的关照，你们两口子得请吃饭吧！

你的夫君平民出身，靠科举取士，家底并不殷实；又为人正直，不贪污不受贿（其实升迁之前的小官职实在是没有油水，也没有人行贿）。你又刚穿越过去没多久，还没来得及学习谋生技能，因此只能在家做个全职太太操持家务。公公婆婆退休在家，由于唐朝没有养老保险制度，所以他们没有养老金。家里还有几个婢女和小厮。全家就靠着你丈夫一个人的俸禄生活。

不管手头宽不宽裕，你们这对“月光族”夫妇在这个时候也得大方起来，没办法，谁让你丈夫升官了呢。升职加薪得办“烧尾宴”，这可是官场潜规则。人在官场漂，总得把尾烧。行了，别拉着脸了。李白不是说了吗，“千金散尽还复来”。这次宴会非常重要，关乎你老公的脸面。你亲自出马带着下人出去买食材和调料吧。对了，家里的米不够那么多人吃，再去抬些米回来！

你坐上轿子，带着几个婢女和小厮，一行人浩浩荡荡往西市去了。这里得插一嘴，你的这种出行方式是正确的。虽然唐朝被认为是中国古代最开明最开放的朝代，但是却不允许女性单独上街。这里所说的“女性”呢，特指那些有身份、地位的女性。那些为了生计在街上摆摊卖东西或者是做其他营生的劳动人民，还有为主人上街跑腿办事的婢女，就不在禁止独自上街的黑名单里了。像你这样的有个大官丈夫的夫人，身份还是很尊贵的。你上街就得有几个奴婢前呼后拥着，再不济也得有个把男性陪同。

你坐在轿子里，掏出你丈夫写的购物清单，顿时惊得想跳窗而逃。这是要把整个菜市场搬回家？只见这清单上写着：米、面粉、各种蔬菜、鸡蛋、牛奶、酥油、蜂蜜，鱼、虾、蟹、鳖等水产，鸡、鸭、鹅、鹌鹑、牛、羊、兔、狸等。

你掀起帘子的一角问随行的小厮，为何办个什么烧尾宴要如此大费周章？连熊和鹿都拿来做食材。

外头的小厮挺健谈，一准会告诉你，这烧尾宴呀，在唐中宗时期就开始流行起来了，晋升的官员要请客大宴。烧尾宴的名称来源有这么几种说法：一种说老虎变成了人，尾巴难办，必须烧掉它的尾巴，才能彻底变成人；第二种说法是新羊初入羊群，因受群羊触犯而不安，要把新羊的尾巴烧掉，它才能安静下来；第三种说法是鱼跃龙门，天火降下烧掉鱼尾，鱼才能化身成为真龙。所以这宴席取名“烧尾”，寓意是办宴会的主人官场得意，能一路欢快地蹦跶下去。所以呢，得办得风风光光的，给主人长长脸。

这小厮刚眉飞色舞地说完，你又问了：“就算是请一群官老爷吃饭，也用不着弄这么多菜吧？”没错，你还是对拿熊和鹿还有鹤做食材感到耿耿于怀。

小厮笑着告诉你，咱们这还是一切从简的了。毕竟阿郎的官职没有那么大。娘子您知道当年那个官拜尚书左仆射的韦巨源吗？人家的那烧尾宴可是真正的大手笔，连皇帝都请到家里了。那些菜品可真是世所罕见，让人称奇。

韦巨源的烧尾宴是唐代所有烧尾宴中最奢华也是最著名的。后世流传有关于这次宴会的食单，上面所记录的58种菜品涵盖了各种水陆珍馐，食材种类之繁多，制作工艺之复杂，那可真是亮瞎了我们现代人的眼。

韦巨源烧尾宴上的菜名也十分有特色，光明虾炙、红罗丁、巨胜奴、贵妃红、吴兴连带鲊、甜雪、玉露团、格食、水炼犊、西江料、白龙、汤洛绣丸、同心生结脯、仙人脔、葱醋鸡、凤凰胎、逡巡酱、清凉碎、生进二十四气馄饨、雪婴儿、金粟平、金银夹花平截、八仙盘、分装蒸腊熊、冷蟾、卯羹、小天酥、鸭花汤饼、双拌方破饼、御黄王母饭、天花毕罗、升平炙、乳酿鱼、遍地锦装鳖等等，光看名字就能窥见这场宴会的奢华，更不用说烹制工艺的奇巧了。

你的小厮向你列举了几样经典菜式的做法："水炼犊"这道菜需要清炖整只小牛，用大火把带调料的汤水全部煨干，把肉炖烂；"雪婴儿"，是把青蛙剥皮去内脏之后，裹精豆粉，在锅里煎成，因为颜色雪白，所以叫"雪婴儿"；"同心生结脯"，是将生肉加工成薄片，把肉打成一个同心结，风干后，成为肉脯；"通花软牛肠"，是用羊骨髓和其他辅料灌入牛肠内，做成香肠；"水晶龙凤糕"糕里嵌着枣子，要在笼里蒸到糕面开花，枣子外露；"生进二十四气馄饨"是 24 种花形和馅料的馄饨制成的。除了这些最终要进肚子里的菜以外，宴席上还要上一种"看菜"，这看菜就是工艺菜，我们现代的酒席上那些雕得很好看的用来装饰的菜，就是这里所说的看菜。韦巨源的烧尾宴上有这么一道抢镜头的看菜——"素蒸音声部"。这道菜是用蒸面捏成 70 个歌女乐人的模样，配上颜色鲜艳的素菜制成的。往餐桌上一放，光彩四射，栩栩如生，华丽壮观，主人倍儿有面子。

怪不得唐朝人要以胖为美，这种吃法下，能有瘦子吗?

娘子，您出神太久了，市场到了，请下轿。

第3章

胖美女就该嘴不离食|水果与其他零食

唐朝的美食除了正餐还有水果和各种零食。

先说水果吧。唐朝的水果种类虽然没有现在这么多，但是也不少了。你在唐朝可以吃到樱桃、石榴、葡萄、荔枝、李、桃、梅、梨、柑、橘、柿、山楂、柰、枣、杏、栗、核桃、椰子、枇杷等等。看看，确实不少吧！

什么？你说刚刚列举的这些水果里你有个字不认识？你说的一定是“柰”吧。这是原产于中国的一种苹果，跟我们现在所吃的外来苹果不一样。柰这种苹果呢，口感绵软（并不怎么好吃），产量不高，所以后来就被西洋苹果，也就是我们今天吃的苹果所替代了。但是在还没有引进西洋苹果的唐朝，人们还是吃着柰这种国产苹果。

说起柰，就不得不提起“文林郎果”。这里面还有个典故呢，且听我慢慢道来。这“文林郎”是个官职的名称，是名副其实的“九品芝麻官”。有个叫王方言的人在黄河边捡到了一棵树苗，拿回家种起来，结出了一种好吃的柰。这王方言把这好吃的果子拿去巴结了官员。他巴结的这个官员是曹州刺史李慎。这个李慎又把这果子拿去巴结了皇帝。他巴结的这个皇帝是唐高宗李治。高宗吃了以后很高兴，当即赐给发现果树者王方言“文林郎”的官职，并把这种柰命名为“文林郎果”，移栽到了皇家果园中。

柰除了可以吃，还可以拿来做苹果酒。不过味道怎么样，就需要你亲自尝尝了。

说起唐朝的水果，你脑子里第一个蹦出来的肯定是荔枝，荔枝因为杨贵妃这个贪吃的女人而身价倍增，长安城里的人们都以吃到荔枝为荣。在交通不发达的唐朝，没有飞机空运，北国的人们想要吃南疆水果，是一件十分奢侈的事情。这里就暂且不表啦，想吃的话，差你家小厮丫鬟去买吧。

除了荔枝，唐人还以吃到另一种水果为荣——樱桃。樱桃被誉为“早春第一果”和“鲜果第一枝”。物以稀为贵，樱桃好吃树难栽的道理我们都懂，这也是唐朝人把吃樱桃当作显摆的资本的原因了。

普通百姓自然是极难弄到樱桃的，但是皇帝的皇家果园里有啊！每年樱桃成熟的时候，都有一批刚刚及第的新科进士受到皇帝的召见。而皇帝呢，为了表达对这些年轻人的嘉奖，显示皇恩浩荡，会赏赐樱桃给群臣吃，这在唐朝叫作“樱桃宴”。“樱桃宴”上的樱桃呢，是太监或者宫女骑着马从皇家果园里新摘下来的，然后装进紫色的玉盘里奉到官员的面前。官员们按照官职大小依次尝鲜。吃完樱桃还有甘蔗浆可以喝，这些官员的待遇可真是棒啊！在樱桃宴上，有些受宠的官员会被皇帝亲自赏赐樱桃，这时候为了谢主隆恩，同时也显摆一下文采，受赏者可以以此作诗。

后来玄宗皇帝觉得这样的宴会缺乏乐趣，便想了个新的法子：让群臣自己进到皇家果园里面去采摘樱桃吃。注意了，可不是让你用手摘。其实吧，是用嘴直接从树上咬下来。这叫作“含桃”。白居易还为此写过一首诗：“含桃最说出东吴，香色鲜浓气味殊。洽恰举头千万颗，婆娑拂面两三株。鸟偷飞处衔将火，人摘争时蹋破珠。可惜风吹兼雨打，明朝后日即应无。”

看来娘子想要吃到樱桃是不太容易，但是还有那么多水果呢，什么桃啊梨啊葡萄啊橘子啊随便吃。不过吃梨的时候可得注意一下，唐朝人是很少生吃梨的。本着入乡随俗的原则，你可千万别拿起来就生啃，会被人笑话的。梨的唐朝吃法是蒸着吃。

到了夏天，总得吃点西瓜来消暑吧。咳咳，不好意思，唐朝没有西瓜。不过你也别难过，西瓜没有，唐朝有甜瓜啊。夏天吃甜瓜也是件很惬意的事情。

你也可以差遣你的婢女去花糕员外家买些零食。这个花糕员外原本是个卖糕点的商人，他家的糕点名目繁多，口味独特，制作精美，是远近闻名的风味小吃。他靠着卖糕点发家，有钱了之后捐了个员外，于是大家送了他这个“花糕员外”的名号。花糕的制作工艺与今天相差不大，是将糯米粉、面粉、白砂糖等适量混合在一起，慢慢注入适量清水，搅拌均匀至面糊黏稠，挂而不断。然后放入蒸笼，趁热将蒸熟的糕体用湿纱布包住，不断翻动，揉捏，直至表面光滑、糕体细腻为止。那么，这个“网红花糕”到底有没有传说中的那么好吃呢？等你的婢女买回来，你自己尝尝就知道了。

除了花糕员外家的糕点，有很多饼也是很受唐朝人欢迎的小食。比如什么君子饼、五福饼、红绫馅饼、千里碎香饼、甜雪八方寒食饼等等，听着就叫人口水流下三千尺。除了这么多饼，你还可以在唐朝吃到糖，要知道早在唐朝，充满智慧的唐朝人民就掌握了提炼白糖和红糖的技术。对了，爱美的你还可以让婢女去买些阿胶羹回来。这阿胶羹的做法跟我们现在差不多，取一定量的阿胶、核桃肉、黑芝麻、黄酒、冰糖，将黑芝麻与核桃仁研碎备用，再将阿胶浸在黄酒中泡十余天，连同黄酒一起放在陶瓷容器中隔水蒸至阿胶完全溶化。将黑芝麻等放入搅匀，蒸至冰糖溶化即可。蒸好的阿胶冷却后成冻状，用开水冲化即可食用。

随着唐朝果品和养蜂、制糖业的发展，蜜饯应运而生。不过你若是差婢女去买些“蜜饯”回来，她或许会一头雾水。原来唐朝的蜜饯不叫蜜饯，而叫作“蜜煎”。唐朝的蜜煎加工业可是很发达的，有“煎、酿、曝、糁”等一整套加工工艺。“蜜煎”的做法总结起来其实很简单，就是将新鲜果品放在蜂蜜中煎煮浓缩，以去除果品中的大量水分，增进风味。

第4章

狗仔在哪里？我在跟皇帝一桌吃饭呢！|宫廷饮食

你现在的身份是当朝太子，不出意外的话，你就是下一任皇帝。如此尊贵的身份自然得小心服侍，不能出一点意外。在食物方面，自然也得十二分讲究才行。你的饭菜，由这些专门的机构负责：典膳局、食官署、太子内官、典仓署。

典膳局是这些机构中人最多的，有典膳郎二人（职责是为太子殿下进奉膳食，并且先尝尝看有没有毒），丞二人，书令史二人，书吏四人，主食六人，掌固四人，此外，还有两百个典食。

食官署的人也不少，有令一人，丞二人，府二人，史四人，掌膳四人，供膳一百四十人，奉觯三十人。这个机构主要负责的是食材选择、营养搭配、烹制工艺等等。

太子内官有司馔二人（同样有在太子用膳前先试吃的职责），掌食三人（掌管食材以及食具器皿、薪炭、灯烛等）。

典仓署专管粮食，设有典仓令和丞，受家令寺统领。

看看，你吃个饭得有几百号人跟在后头忙活，这待遇可真是太高啦！低调！淡定！别让人发现你是穿越过来的。你现在的身份可是太子，什么世面没见过？用不着这么大惊小怪失了身份。

刚要传膳，就有太监来报，你皇帝老爹叫你去陪他吃饭。

皇帝的饭桌就是不一样。鸳鸯豆沙、一品春卷、雪里鹿肉、雪山狍子肉、秘制鱼唇、敬德金钱卷、玉面龙珠、贵妃醉牛柳、西域养颜芦荟、美味风衣、佛香膳丝、蜀府茶香虾、御膳牛掌……水陆珍馐，山珍海味，眼睛都看花了。怪不得那么多人为了皇位打破头，就是神仙也吃不到这样丰盛的饭菜啊！这也难怪，整个天下都是你老爹的，什么好东西都往宫里送。

皇帝的膳食由光禄寺和尚食局负责。光禄寺设卿一人，官职为三品，是寺中的主管，掌管一切大小事务。卿下面还有少卿、丞、主簿。光禄寺下设四个署，其中的太官署有令、丞、府、史等主管，还有十五名主膳和两千四百名供膳。这规模，真是难以想象。这光禄寺先后改了两次名字，一次是唐高宗时期被改成了“司宰寺”，最后一次是武则天统治时期，被改成了“司膳寺”。嗯，还是最后一个名字好听。

尚食局是殿中省的下属机构，负责皇帝的日常膳食。尚食局的大 boss 是奉御，副手是直长。每次皇帝用膳前，奉御必须先尝一下，看看饭菜里面有没有毒。尚食局下面还有八位食医，专门负责治疗皇帝吃出的毛病，比如拉肚子什么的。这八位食医是九品官职（又一类九品芝麻官）。唐高宗时期，尚食局被改成奉膳局，奉御被改成了大夫（可不是穿着白大褂挂着听诊器的大夫哦），大夫下面设有书令、书史、主食、主膳、掌固等。这其中，主膳就有八百四十人。这么多人每天就为了你父亲的这张嘴忙得团团转，神仙都没有这个待遇。

这些美味佳肴是用极为华丽的牙盘盛放的，通常每餐有九个牙盘盛放膳食。这些菜品中的肉呢大多为肥肉，唐朝人不仅以胖为美，连吃的肉也是以肥为美味。这点与现在真是大不相同啊！

你面前有一盘颜色鲜艳的花。NO，这可不是花。别看它五颜六色的，其实啊，这是外国进贡的一种菜，叫“佛土菜”，你看它的花瓣是红色的，花蕊是紫色的，花中间还有一抹黄色。是不是很新奇呢？快伸筷子尝尝吧！

哟，这是什么？只见一个白玉碗里装着绿色的东西，那玩意十分清澈，像绿色的琉璃似的，在白玉碗的衬托下，流光溢彩，简直像个艺术品，这能吃？别没见识了，这是一种蜂蜜，叫“莺蜂蜜”，是身有五种颜色的“莺蜂”

所产的蜜。你别看只有小小一碗，采蜜者为了弄来这一点，那是十分困难的。因为生产这种蜂蜜的蜜蜂，喜欢把蜂巢建在深山峻岭，这给采蜜的人制造了很大的障碍。而且要是被蜜蜂发现了你这“采蜜贼”，还得受皮肉之苦。据说被这种莺蜂蜇了，皮肉会生疮。被蜇了只要用石头上生长的“营根”敷在被蜇伤的疮口上，就能痊愈。这来之不易的莺蜂蜜呢，如果长期食用的话，可以“令人长寿，颜如童子，发白者应时而黑”。据说甚至能治疗眼瞎、脚跛等残疾，实在是奇物啊！

席上有一种食物叫作“红虬脯”。虬在民间传说里是头上长着角的小龙。你不由大惊失色：这皇帝不是真龙天子吗？居然要吃同类？别惊讶，这不是真的龙肉，只不过是用肉在盘子里摆成了虬的形状而已。尝一口，味道真是妙不可言。

还有一种名为“灵消炙”的菜，做法十分奇巧，是在一只整羊身上取下四两肉制成。这种食物尽管没有添加防腐剂，也可以在高温下不腐败。原因大致是在制作过程中放了较多的糖和盐，并且烧制过程中使之脱水，从而得以获得较长的保质期。

抛却这些山珍海味不谈，在皇帝的饭桌上，连粥都是美味无比。你看这盘清风饭，它是用水晶饭、龙睛粉、龙脑末（这名称好残忍）、牛酪浆制成的。皇帝的御厨将这粥做好之后，要放入金提缸中，垂到水池里等它冷却，所以这是一种美味的凉粥。

玄宗皇帝亲手设计过一种叫“热洛河”的美食，宫中那么多美味佳肴，还要自己设计新花样，看来这玄宗皇帝是个大吃货呀！这热洛河是用新鲜的鹿血煎煮新鲜的鹿肠（等等，怎么有种煮豆燃豆萁的悲壮感），做好后趁热吃掉。据说味道十分赞。可惜这饭桌上没有这道菜，你没有这个口福哦。但还是有幸运者，比如安禄山和哥舒翰就有幸品尝过。

这里还有一道奇菜，叫作“洋豆”。这名字太明了了，一看就知道是外国菜。没错，这洋豆是用外国进贡的“灵光豆”制成的。皇宫里给这种“灵光豆”取了个新名字叫“诘多珠”，因为这种豆子颜色嫣红，状如宝珠。这种豆子十分奇妙，要和菖蒲这种植物放在一起煮。煮熟之后呢，这“诘多珠”会由原来的绿豆大小变成鹅卵那么大，而且颜色会由原来的红色变成紫色。放在秤上看看，重量为一斤。据说唐代宗吃了一颗洋豆之后，好几天不觉得饥渴。这真是仙丹一样的存在啊！

喂，还愣着干什么？敞开肚子使劲吃啊！面对如此佳肴，再装矜持就真的对不起自己的嘴和胃啦！

第三篇

葡萄美酒夜光杯，喝完美酒顺走杯

是什么让李白“天子呼来不上船”？是什么让岑参感叹“老人七十仍沽酒”？是什么让白居易“绿蚁新醅酒”喝得不亦乐乎？是什么让王维“劝君更尽一杯酒”哭得眼泪鼻涕糊成一团？欢迎收看今天的《走进唐朝的酒》。

第1章

小二，来壶酒！来壶什么酒好呢？|酒种类大观

如果你穿越到唐朝来，不尝一下唐朝的酒，简直是白跑一趟！好不容易来了，都不领略一下这个时代的精髓？走吧，去酒肆！

长安的东西两市是酒家聚集地，你远远看见很多高高挂起的青旗，那就是酒肆的标识了。挑一家进去看看吧。“博士，来壶酒！”博士热情地招呼你：“这位客官，小店有很多酒，不知您需要哪种酒呢？”你可别张口就说什么茅台、二锅头、五粮液、各种啤酒之类的，咱们唐朝啊通通不供应，就连“杏花村”这个出自唐朝诗人杜牧名句中的酒，在当时都没有被冠名。那时的“杏花村”是酒肆的代称。

唐朝的酒分为三大类：黄酒、果酒、洋酒。其中黄酒又分为清酒和浊酒两类。清酒清澄，价格高，李白“金樽清酒斗十千”说的就是清酒；浊酒中有沉淀物，制造工艺较为粗糙，因此价钱低，是广大百姓常喝的酒。要是酒博士给你端来一碗浊酒，你可别扯着人家的衣襟大呼小叫地嚷嚷酒里掉进了脏东西，要被人笑话的，那是酒渣，是浊酒中正常的沉淀。

果酒就是用水果酿成的酒，最常见的是葡萄酒。而提起葡萄酒的酿造工艺呢，有一位皇帝可是做出了不小的贡献的，那就是唐太宗。以后当你喝葡萄酒的时候，千万记得怀念一下太宗皇帝啊。

除了葡萄酒以外，其他的外国酒也十分流行，例如波斯进口的三勒浆、龙膏酒、煎澄明酒、无忧酒等。没办法，国际贸易繁荣嘛，好酒的唐朝人民又怎能放过酒这种好东西？

除了以上的分类，唐朝的酒还可以按照颜色来分类。红、黄、绿、白、碧、青、紫，都快凑成一道彩虹了。想想就很有喝的欲望，怪不得唐朝人嗜酒了。这些颜色的酒让人看着就赏心悦目，可你想喝黑色的酒吗？唐宪宗时期有一种乌戈国进贡的“龙膏酒”，颜色“黑如纯漆”，看着虽然不大好看，但是喝了令人神清气爽。这点跟乌饭挺像的，都是看着黑黑的让你没有下口的欲望，但实际上味道非常好。看来外貌主义很容易让人错过美食啊。

还有一种分类的方式，你可能想不到：根据酒的名称分类。酒名跟人名一样，名字中有一些比较常见的字，比如“春”“露”“浆”等等。唐朝以“春”命名的酒最多了，著名的有“金陵春”“竹叶春”“梨花春”“洞庭春”“玉露春”等。以“露”和“浆”命名的也很多：“琼花露”“蔷薇露”“三勒浆”（洋酒）“凝露浆”等等。真真觉得唐朝人太有诗意了，这些酒的名字，个个都好文艺啊！怪不得文人总是喝酒喝出诗句来。

唐朝的酒种类繁多，酒器的名堂也不少。普通百姓由于生活水平不高，挣扎在温饱线上，没有心思也没有能力在酒器上玩花样，大部分是用最普通的杯子和碗喝酒，暂且不表。唐朝的贵族们在这个开明的时代的感召下，十分注重生活的品质和美感。这点在酒器上也有所体现。“葡萄美酒夜光杯”——夜光杯；“玉碗盛来琥珀光”——玉碗。怎么样，够奢华吧！贵族们对酒器的材质是非常讲究的，金银、琥珀、玛瑙、象牙、琉璃……都是常见的材料。你要是去了哪位贵族家里，拿着这样贵重的酒器喝酒，感觉酒的味道都变得美味多了。真有种喝完酒把杯子带回家的冲动啊！想归想啊，你可别真拿回家了，当心被主人捉住鞭打一顿再扭送官府。不过要是遇到个大方好客的主人就没关系啦。节度使裴均就是这样一位大方的主人。他曾经在酒席散场前把二百两重的银制酒器分送给赴宴的客人。

唐朝的酒具，以整个唐朝的中叶为分界点，前期是用大酒樽装着酒，喝酒的人各自拿着杓从里面舀出来喝，颇有些我们今天吃火锅的情状。唐中叶之后呢，酒壶蹦上了酒桌。大家可以把酒言欢了。

酒壶一开始的名字叫“注子”，它的形状像一个汤瓶，瓶身有柄，方便拿起。还有一个嘴，可以将酒注入杯中。这个有手柄的“注子”是怎么进化成后来的酒壶呢？这事儿啊，得由一场事变说起。文宗大和年间，宫中发生了一起“甘露事变”。这个事变闹腾了一阵之后，失败了。太监们嫌恶这个事变的主谋郑注，每次喝酒时都要见到“注子”，遂迁怒于与其同名的“注子”。于是他们对注子的形象进行了改造，把柄去掉，用绳子系在瓶梁上，还给它改了个“偏提”的名字。但是人们普遍喜欢称它为“酒鳖子”。这就是真正意义上的酒壶了。

第2章

醉翁之意不在酒，在乎酒姬之笑也|酒姬与酒令

你在唐朝结识了一帮朋友。这帮花花公子带着你花天酒地，你们经常出入长安城里的各种酒肆，你也因此接触到了这样一类人——酒姬。

酒姬在唐朝是以卖酒卖笑卖艺为生的女子。她们从小学习歌舞弹唱以及待客之道，是酒肆酒楼用来招揽顾客的重要手段。

你跟你的朋友们刚刚落座，就有一队酒姬捧着酒进来了。她们个个娇艳妩媚。你惊奇地发现这些姑娘中居然还有外国人：这唐朝人也太矫情了吧，需要看着酒姬唱歌跳舞才能喝下去酒也就罢了，居然还要外国美女来助兴。你别目瞪口呆了，这个现象在唐朝太常见了。这些外国美女大多是西域人，和你之前在西市上看见的卖胡饼的人是老乡。他们要么为了生计自行来到长安，要么被人拐卖到这儿，要么因为爱情私奔到这里，要么祖上迁移定居在长安于是世代留在这里，总之，当时的长安城里有很多西域人。男的，大多卖胡饼，女的，大多做了酒姬。这些西域人被称为“胡姬”。李白似乎经常与胡姬打交道，看他的诗就知道了：“落花踏尽游何处，笑入胡姬酒肆中”“胡姬貌如花，当垆笑春风”“胡姬招素手，醉客延金樽”“双歌二胡姬，更奏远清朝”，看看，还真不少吧！

酒姬们穿插着坐到你们中间，斟上美酒，酒席要开始了。这个善于玩乐的朝代当然不止这些花样，酒桌上还有个重量级嘉宾呢，那就是——酒令！

这酒令是酒席上助兴的好东西，不过你可别把它跟你在现代的酒桌上脸红脖子粗地跟人划拳画等号。那种大呼小叫的划拳在唐朝也算是酒令的一种，只不过呢，是最低级的一种。没办法，那是个被诗浸润着的时代嘛，爱喝酒的又多是那些咋咋呼呼的文人，所以呢，酒令的花样也是比较文艺的。你快抓紧学学，待会可别露了怯，让人嘲笑你没文化。

这酒令要怎么行呢？

首先，要进行人员设置，或者换种说法：角色扮演。具体呢有这两种角色设置：明府和录事（律录事和觥录事）。明府需要由酒席上最德高望重的人担任，说明行令规则，并对整个酒令活动起着监督的作用；律录事又叫“酒纠”“席纠”，他的职责是向大家解释酒令规则，以及罚酒、敬酒的具体事宜，比如判断某人是不是应该罚酒，还有阻止人赖皮等等，是酒令的执行者。“律录事”可不是谁都能当的，要担当律录事需要满足三个条件：第一要善令，也就是要熟悉酒令，能够巧宣；第二要“知音”，能唱会跳；第三要“大户”，就是能喝酒。在有些隆重的宴会上呢，还会另外设一名觥录事（即主罚录事），专门负责在席间跑来跑去给输的人灌酒。听起来十分欢乐啊！

你在席间惴惴不安地坐着，不知道待会得醉成什么样。律录事是一位美丽的酒姬，她告诉在场的各位，今日行的是抛打令。

这抛打令可不是录事一声令下，然后大家一起抬着某个人把他抛起来，摔在地上再扑上去打一顿。

抛打令呢，得分开来解释，抛是抛花球（也可以是花枝等可以用来传递的物件），打是跳舞。这么一说你就明白了吧，这个抛打令是类似于击鼓传花的一种游戏。谁接到了花球或者其他的物件，就得起来为大家跳舞。不过有时候也用唱歌来代替舞蹈。唱歌的叫作歌令，跳舞的就叫作舞令。行歌令大多是酒姬来唱，人家是专业的，总比你扯着嗓子狼嚎似的乱吼好听多了。有时也有主人和客人深情对唱的情形。不过他们唱的可不是现代流行歌曲，人家唐朝也是有自己的流行歌曲的，比如诗人们的名句。有个典故你一定听过：唐玄宗开元年间，诗人王昌龄、高适、王之涣三人齐名。有一次他们一起到酒楼喝酒。忽然有乐官十几个人，漂亮的歌女四人，上楼联欢，歌舞、奏乐。王昌龄对二人说：“我们这些人都享有诗名，到底谁好谁差，我们无法定高下，今天就看各歌女所唱的诗，被谱作歌词多的就算优胜。”第一个歌女唱了“寒雨连江夜入吴”，王昌龄伸手在壁上画一道，说：“一首绝句。”不久又一歌女唱“开箧泪沾臆”，高适伸手在壁上画一道说：“一首绝句。”又一歌女唱“奉帚平明金殿开”，王昌龄又伸手画一道说：“两首绝句。”王之涣对王昌龄、高适说：“这几个都是失意的乐官罢了。”接着指所有歌女中最漂亮的一个说：“这个人所唱的如果不是我的诗，我就永远不敢和你们争高下了。”于是边说笑边等着。过了一会儿，那女子开始唱了，唱的是“黄河远上白云间”，王之涣立即得意地对两人说：“乡下人，我没有胡说吧！”这就是旗亭画壁的典故。

舞令相比歌令就豪放得多了。舞令的动作有招、摇、送等。招是招引宾客一同跳舞的动作；摇是摇晃你的脑袋、手或者肩膀等部位来表示推辞不饮。送这个动作呢是舞者用优美的舞姿把酒送到客人面前请客人畅饮。比如你可以迈着太空步去给客人送酒。

知道了这抛打令是怎么回事，你就可以放心地与唐朝朋友们一起玩啦，毕竟吼几嗓子扭几下，还是很容易的。

唱唱跳跳了半天，你和你的小伙伴都累出了一身汗。这时候有人提议了，咱们来行律令吧！

你刚松弛的神经又紧绷起来了：这律令是什么呀？不会要作诗吧？

听过怕什么就来什么没？没错，这律令就是跟作诗有关的。坐好了，你看都跌到桌底了，快爬起来吧。好歹小时候也是背过《唐诗三百首》的，小事一件，别紧张，没你想的那么可怕。

律令也分文字令和口语令。文字令是文艺青年和们喜欢的酒令。文字令是用诗文行令，出令者说一句诗文，对答者所对的文辞要与之对偶、押韵，文意也要相吻合。比如一位美女说了一句“关关雎鸠，在河之洲，窈窕淑女，君子好逑”，哪位公子对了句“南有乔木，不可休思，汉有游女，不可求思”，这就算对上了。不过这位公子这么一对，大家就要起哄了。为什么呢？因为这二位对的是文字令中的“断章取义令”。这断章取义令呢，就是说对令的人不需要去考虑全诗的整体内容，只需要取其中的某一句或是某一点来表达自己的意思就行了。而刚刚酒姬与公子对的令呢，正好是妾有情、郎亦有意的意思，怪不得大家要扯着脖子起哄了。除了这断章取义令，常见的文字令还有成语相对令、征名令、数字成语令、逐月报花令等。

除此之外呢，律令中还有一种口语令，相比文字令来说简单多了，它不需要咬文嚼字，受到广大青少年、老年的喜爱。例如口语令中有一种拆字令。据说隋炀帝有一次在后宫与美女们饮酒作乐，就行了这种拆字令。隋炀帝指着一位姓杳的爱姬说：“杳子为十八日。”这位姓杳的美人便答道：“羅字为四维。”这样就算是成功对上了。如果席间有人出这种拆字令，你应该不难应付了吧！其实，口语令中还有更简单的。比如让在座的人都讲出自己的小名。哈哈，这个可太简单了吧！完全不要技术含量啊！唐太宗有次和大臣们宴饮，就行起了这种酒令。轮到大将军李君羡时，他回答说自己的小名叫作“五娘子”，在场的人都被逗乐了，唐太宗还调侃说“何物女子，如此勇猛”，酒席的气氛被推向了高潮。你要是把“二狗子”“狗蛋”之类的小名说出来，也能供众人一乐的。

还有一种骰盘令。这骰盘令就是投骰子决定谁喝酒。骰子、盘子一端上来，酒桌简直一秒变赌场啊！这时候大家都只要扯着脖子喊就行了，这玩意没什么技巧，也不需要有文化，全凭运气。要是席上有几个文化人呢，还可以一边扔骰子一边吟几句诗。相传杜牧曾在一次酒席上对一位美丽的酒姬一见钟情，于是索要骰子来行骰盘令，这样就能看到酒姬被袖子遮掩住的纤纤玉手了。可是这位美女酒姬在投掷骰子的时候缩着手，杜牧还是没能瞧见她的手，于是十分遗憾地吟诗道：“骰子逡巡裹手拈，无因得见玉纤纤。”与杜牧一同饮酒的一人回应道：“但知报道金钗落，仿佛还应露指尖。”这话的意思是让杜牧把酒姬头上的金钗拂掉在地，这样酒姬伸手去捡，就一定会把手从袖子里拿出来了。杜牧依言而行，果然如愿见到了纤纤玉手。

大家都玩累了，在座的有人提议，上酒胡子吧！大家纷纷举手赞同。你虽然也举起手来表示赞同了，但你其实根本不知道酒胡子是个啥。没办法，大家兴致这么高，你可不能扫兴。而且你也不想轻易暴露自己穿越者的身份。

美丽的酒姬端来了酒胡子放在桌上。你使劲瞅了瞅，这不是个长得像胡人的不倒翁吗！这酒胡子相貌有趣，引人发笑，可以放在桌上旋转，停下时所指的人就得依据酒令被罚酒，以此增添酒桌上的乐趣。唐代诗人徐夤有诗云："红筵丝竹合，用尔作欢娱。直指宁偏党，无私绝觊觎。当歌谁擐袖，应节渐轻躯。恰与真相似，毡裘满颔须。"描绘了酒胡子在酒席上指认时无私正直的形象。

有了这些欢乐的酒令，才有了那么多泡在酒里的诗情画意呀。

第3章

哥喝的不是酒，是寂寞 | 文人的诗酒情结

你穿到唐朝去了，最想见谁？杨贵妃？武则天？太平公主？上官婉儿？能不能有点出息，尽想着看美女。换个性别。什么？你说想见高力士？说正经的，你最想见的男性是谁？这回终于上路子了，当然是李白啊。没见过李白再扑上去要个签名什么的，还好意思告诉别人说你去过唐朝？

假如你穿对了时间和地点的话，要见李白也不是什么难事，去酒馆里蹲点儿，就不信堵不着。不过就算被你堵着了，你要怎么跟诗仙大人搭讪呢？拿把菜刀往脖子上一放，吼一声："要打此路过，留下签名来！"估计你话还没说完就被太白掀翻在地折断了手臂，别忘了李白可是文武双全的，打趴三五个你也就是松松筋骨的事。

我给你出个好主意，保准能行。你可以请他喝酒啊！

李白的酒瘾和他的诗一起流传了一千多年。什么"举杯邀明月，对影成三人"，什么"人生得意须尽欢，莫使金樽空对月"，什么"五花马、千金裘，呼儿将出换美酒，与尔同销万古愁"，几岁的小孩都会背，这酒瘾可想而知啊。你要是请他喝酒，他肯定抬腿就跟你走了，说不定还给你写个诗什么的。

杜甫曾经写过一篇著名的《饮中八仙歌》："知章骑马似乘船，眼花落井水底眠。汝阳三斗始朝天，道逢曲车口流涎，恨不移封向酒泉。左相日兴费万钱，饮如长鲸吸百川，衔杯乐圣称世贤。宗之潇洒美少年，举觞白眼望青天，皎如玉树临风前。苏晋长斋绣佛前，醉中往往爱逃禅。李白一斗诗百篇，长安市上酒家眠。天子呼来不上船，自称臣是酒中仙。张旭三杯草圣传，脱帽露顶王公前，挥毫落纸如云烟。焦遂五斗方卓然，高谈雄辩惊四筵。”诗中写了八个酒鬼——贺知章、李适之、李琎、李白、崔宗之、苏晋、张旭、焦遂的饮酒趣事。贺知章酒后骑马，晃晃悠悠，就像坐在船上一样。他两眼昏花坠进了井里，竟然在井底睡着了。汝阳王李琎饮酒三斗以后才去觐见皇帝，路上碰到装载酒曲的车，浓郁的酒香引得他口水直流，深深为自己没能封在传说中水味如酒的酒泉郡而遗憾。左相李适之饮酒日费万钱，饮酒如长鲸吞吸百川之水，自称举杯豪饮是为了脱略政事，以便让贤。后来遭到奸相李林甫的排挤，丢了官。罢相后，李适之在家与亲友喝酒，虽然酒兴未减，却不免郁郁不平，写诗道：“避贤初罢相，乐圣且衔杯。为问门前客，今朝几个来？”崔宗之是一个潇洒俊俏的美少年，举杯饮酒时，常常傲视青天，俊美之姿有如玉树临风。苏晋虽在佛前斋戒吃素，饮起酒来却得意忘形，常把佛门戒律忘得干干净净。诗仙李白饮酒一斗，立可赋诗百篇。他去长安街酒肆饮酒，常常醉眠于酒家。玄宗皇帝在湖池游宴，召他为诗作序，他因酒醉不肯上船面圣，自称是酒中之仙。书法家张旭饮酒三杯，即挥毫作书，时人称为草圣。他常不拘小节，在王公贵戚面前脱帽露顶，挥笔疾书，仿佛有神灵的帮助。他的书法一气呵成，如云烟之泻于纸张。焦遂五杯酒下肚，才得精神振奋，在酒席上高谈阔论，常常语惊四座，表现了同一时代的唐朝人对于酒的狂热爱好。

而这首诗的作者杜甫自己也是个酒鬼，而且酒瘾还不小。据郭沫若考证，杜甫所有的诗作里写酒的诗篇占总数的百分之二十，而李白所有的诗作里写酒诗篇占的比例是百分之十六。这说明杜甫的酒瘾可能大于等于李白。不过这杜甫喝酒，大多数时候大概都是在借酒浇愁吧，毕竟一生坎坷，境遇凄惨。让我们一起来看看杜甫的《曲江二首》其二：“朝回日日典春衣，每日江头尽醉归。酒债寻常行处有，人生七十古来稀。”读了忍不住要掩卷抬头 45 度仰望天空泪流满面。这太惨了吧！下了朝就典当衣服买酒喝，走到哪都能碰到向他要酒债的人。子美兄你作为一代文豪，潦倒至此，穿越者都看不下去了。亲，你要是大晚上的江头遇见了醉归的诗圣，重金请他写首诗吧！

唐朝的众多酒鬼文人中，自称“醉吟先生”的王绩绝对称得上是骨灰级别的了。说别人嗜酒如命多少有点夸张的意味，但是这个成语放在他身上那简直就是官方释义。酒是他做官的原因，也是他辞官的原因。因为想去有酒喝的地方而做官，因为无酒可喝而辞官。他自己写了个《五斗先生传》：“有五斗先生者，以酒德游于人间。有以酒请者，无贵贱皆往。往必醉，醉则不择地斯寝矣；醒，则复起饮也。常一饮五斗，因以为号焉。先生绝思虑，寡言语，不知天下之有仁义厚薄也。”

白居易也十分喜欢喝酒，他给自己取了个“醉尹”的称号。他在《赠元稹》中写道：“花下鞍马游，雪中杯酒欢。”再看他六十七岁时写的《与梦得沽酒闲饮且约后期》：“少时犹不忧生计，老后谁能惜酒钱？共把十千沽一斗，相看七十欠三年。闲征雅令穷经史，醉听清吟胜管弦。更待菊黄家酝熟，共君一醉一陶然。”这一喝，就喝了一辈子，而人生却始终不过是一场醉了之后的美梦。

而文人嗜酒的原因呢，大多是排遣怀才不遇的苦闷。在古代，文人通常从小就被教育要把做官当作毕生的理想和事业，好好学习，天天向上，以后中个状元光宗耀祖。然而科举是那么好考的吗？就算考上了，官场是像考场那么好混的吗？由是种种，很多有才华的文人并不能在官场上混得风生水起。就算你混得风生水起，也会被贬。所以诗与酒就成了文人雅士最好的朋友，陪着他们得意，陪着他们失意，陪着他们过完挥毫泼墨诗情画意的一生。

第四篇

茶都不喝，你是不是唐朝人啊？穿越过来的吧！

“来人，上茶！”啊呸，这茶能喝？里面居然有葱姜盐！！淡定淡定，唐朝的茶就是这样的，爱喝不喝。

第1章

茶是凡人的琼浆玉液 | 茶的保健价值

“以茶代酒”这个说法，不是现在才有的。你在唐朝的酒桌上，也能听见这句话。只不过那时的茶还不叫茶。陆羽的《茶经》里第一次广泛使用“茶”字，同时也记载了五种茶的称呼：“其名，一曰茶，二曰槚，三曰蔎，四曰茗，五曰荈。”你得记好了，不然唐朝人可不知道你想喝的茶是个什么玩意。

唐朝前期，茶还是南方人的饮料。到了开元、天宝年间，才开始风靡全国。

你在街上走着，街边的茶馆、茶铺还真不少。伸头进去看看，哟，喝茶的人还真不少。要不你也进去喝一壶？

热情的茶博士给你端来了一壶茶。你一尝才发现茶里加盐。其实这唐朝的茶啊，就是要放盐的，这叫作煎茶。唐朝的茶是要用“葱、姜、橘皮、茱萸、薄荷之等，煮之百沸”之后才能饮用。

唐朝的茶叶最先是由寺院大规模种植的。禅宗寺庙有很多都建在深山树林里，占据了地利，便于大规模种植茶叶。寺庙冠名出品的茶叶有武夷茶、南海普陀茶、南岳云雾茶、径山禅寺茶等等，都是高端茶的代表。那和尚为什么要喝茶呢？大概是因为茶性情雅致简朴，苦中带甘，清淡洁净，这样淡泊宁静的特性符合了佛教的特征吧。

茶叶大规模在民间种植是在中晚唐时期，此时的茶已经成了全国最流行的饮料了。由此也出现了很多专门种植茶叶的茶农和贩卖茶叶的茶商。白居易《琵琶行》里那位身世坎坷的女子说她的丈夫“商人重利轻别离，前月浮梁买茶去”，可见她的丈夫就是一位倒卖茶叶的茶商。为了做茶叶生意连妻子都不顾了，可见利润可观！而当时江西浮梁茶叶的年产量有七百万驮。唐朝政府也开始对茶叶收税了。

茶树适宜生长在潮湿阴暗的地方，比如山崖下、崇山峻岭里。当时的名茶大都是深山里产的，比如浙西的湖州、剑南的蒙顶石花、东川的神泉、洪州的西山白露、江陵的南木等等，都是当时很受欢迎的茶。

有好事怎么会少得了皇帝呢？送给皇帝喝的茶叫作“贡茶”，这贡茶可是十分讲究，不仅要求品质上乘、制作精美，而且要求茶叶成熟后第一时间采摘下来送到宫里。“陵烟触露不停探，官家赤印连帖催”说的就是官帖连催，茶农被催着加工采茶的情景。皇帝一个人是喝不完那么多贡茶的，不仅皇帝喝不完，整个宫廷都喝不完。于是皇帝经常把贡茶赏赐给大臣，而大臣们呢，也将茶叶作为礼品互相赠送，以示格调。

当时的山东、河北、长安等地的市集里开着许多茶铺当街卖茶。你赶路累了，或者逛街渴了，都可以掏出钱买碗茶。

不仅是中原地区的人民群众喜欢喝茶，北方游牧民族也十分喜欢。因为茶有帮助消化解除油腻的作用，对他们常吃肉食的肠胃有好处。他们用茶和马奶混合起来做成了奶茶。

茶的功效到底有多神奇呢？诗人卢仝的《走笔谢孟谏议寄新茶》中有这样的句子：“一碗喉吻润，两碗破孤闷，三碗搜枯肠，唯有文字五千卷。四碗发轻汗，平生不平事，尽向毛孔散。五碗肌骨清，六碗通仙灵，七碗吃不得也，唯觉两腋习习清风生。”估计再喝个八碗九碗，就要羽化登仙长生不老了。你确定这写的是茶？分明是那瑶池宴会上的神仙喝的琼浆玉液啊！

卢仝确实是写得比较夸张，但是茶本身的功效也确实不少，比如说解除油腻（北方游牧人民最钟爱这点）、提神醒脑、解疲解渴、去除烦恼等许多功效。这样的好东西风靡全国也是很正常的。要是改善下口味就更好了。到了宋朝呢，还真就改善了口味，虽然不知道到底好不好喝，但至少不往茶里放盐了。

第2章

茶之道，非常道|茶道文化

你整天无所事事，在朋友们的介绍下去找了份茶博士的工作。当然，先是做学徒。这茶博士是专门司茶的人，而你的工作呢，就是研究茶道然后付诸实践。

唐朝所说的茶道呢，就是煎茶技巧。率先提出“茶道”一词的是唐朝最著名的茶僧兼诗僧皎然。皎然和尚不仅研究佛经，而且对茶文化有很深的造诣。“茶道”一词就是他在《饮茶歌诮崔石使君》一诗中创造性地率先提出的。诗曰：“孰知茶道全尔真，唯有丹丘得如此。”“三饮”神韵相连，层层深入扣紧，把禅宗“静心”“自悟”的宗旨以“涤昏寐”“清我神”“便得道”贯穿到茶道之中，诗化了茶道。茶中有道，悟茶也悟道，把饮茶从技艺欣赏提高到精神享受，把茶道与佛理结合起来，这是皎然在茶道领域的杰出贡献。

从现在起你要学习煎茶了。来，先来认识一下祖师爷陆羽。这陆羽还有个名字叫“茶神”，当然，这是别人对他的称呼。唐朝人对他的崇拜可谓如滔滔江水连绵不绝。举个例子，河南巩县（今河南巩义市）以陶瓷闻名，卖瓷器的商家按照陆羽的样子做了很多瓷偶人，买瓷器买的多即送瓷偶人。他们还给这瓷偶人取了个名字叫“陆鸿渐”。没错，这鸿渐是陆羽的字。要是卖瓷器的商家赚不到钱，他们就把茶浇灌在瓷偶人身上，据说这样就能得到“茶神”的保佑发大财了。

这里八卦一下，其实这陆羽和上文所说的皎然和尚是好朋友。皎然除了茶僧还是诗僧，来看看他写的《寻陆鸿渐不遇》：“移家虽带郭，野径入桑麻。

近种篱边菊，秋来未著花。叩门无犬吠，欲去问西家。报道山中去，归时每日斜。”皎然去寻找陆羽，没找着。想来茶神是进山采茶了吧。陆羽也能写诗，仅存的两首诗也都是茶诗，其中的《六羡歌》是茶诗中的上乘之作：“不羡黄金罍，不羡白玉杯。不羡朝入省，不羡暮入台。千羡万羡西江水，曾向竟陵城下来。”

陆羽有本书叫《茶经》，根据《茶经》所说呢，煎水有三沸：初沸时水面上会出现鱼目状的水泡。这时可以往水里加盐来调味。到了第二沸的时候，边缘会出现连珠状的涌泉。这时候呢，要先盛出一碗放在旁边备用，然后搅动沸水，使得沸水温度均匀。再取出一小勺茶末放进沸水里，搅动搅动，使沸水浮出“汤花”来。然后把之前取出备用的温度已经变低的水倒进沸水中，这样做的目的是减轻水的沸度以及让沸水中浮出更多的“汤花”。到这一步，就需要把釜移出炉。如果此时不移出来，到了第三沸的时候，水就已经老了，味差不可饮用。

茶煎好后，下一步是把茶水分倒进茶盏里。这分茶的关键点在于分汤花。一般情况下，煎一壶茶，茶的总量为一升，那可以分五碗茶。这是刚刚好的量，可以使茶浓淡适宜。如果水多了或者茶多了，味道就没有那么好。

关于这汤花，也有一些相关的诗句。“骤雨松声入鼎来，白云满碗花徘徊”“滩声起鱼眼，满鼎飘清霞”。一个把汤花比作白云，一个比作清霞，看来这诗人的想象力，还真是异曲同工呢。

唐朝精于煎茶的名家很多，最著名的有两个：一个是茶神陆羽，还有一个是常伯熊。这俩是茶道界的大牌。然而牌再大，也有人请得动。据说御史大夫李季卿下江南的时候，途经临淮，听人说常伯熊精于茶道，技艺高超，李季卿便派人将他请来表演茶道。常伯熊穿着黄衫、头戴乌纱帽前来煎茶。完事之后，御史大夫十分满意，连喝了两杯。后来到了江南，李季卿又听说陆羽的大名，又让人请来煎茶。这陆羽穿着山野之人的衣服前来。他煎茶的方法和茶器的摆放和常伯熊差不多。陆羽摆好茶，李季卿还没有饮用，就让仆人拿出三十文钱来打赏，这分明是瞧不上陆羽这样的山野平民啊！然而陆羽作为民间的达人，广交名士，也是有些名望的人。这样一来自然不干了，回去后就写了一篇《毁茶论》来表达不满。

上面所说的是煎茶的那些事儿。到了晚唐，聪明的唐朝人又发明了一种“点茶”的方法。这种方法是将茶叶碾碎成粉末，再调制成膏状，然后注入沸水。注水时需要注意速度和落点。这个点茶法还衍生出了一种叫作“茶百戏”的艺术。“茶百戏”又称分茶、水丹青、汤戏、茶戏等等，是一种能使茶汤纹脉形成物象的茶道，它的绝妙之处呢就是仅用茶和水两种原料在茶汤中显现出文字和图像。听起来十分神奇吧。更神奇的是，同一茶汤可以多次变幻出不同的图案。

光有精巧的茶道，要是没有人欣赏，那也没有动力啊。身为茶博士的你不用担心这个问题，因为唐朝的长安城，是文艺青年的世界。文人摇着扇子，摆着袖子，端着架子，走进了茶馆里，喝了茶，咂了嘴，还要作诗留念。有很多著名的诗人都为饮茶这件风雅之事泼过墨。比如皮日休就写过《茶中杂咏》十首诗寄给他的好友陆龟蒙。

不是所有文人都在喝茶上面得到了雅趣。唐朝诗人郎士元就是个例外。

话说这郎士元口无遮拦，说节度使马燧不善饮茶。马燧听了很生气，派人去叫郎士元过来喝茶。这马燧也不厚道，喝茶前吃了好多“古楼子”。这古楼子就是那种夹着羊肉的大饼。马燧塞了很多古楼子在肚子里，自然十分口渴。郎士元空腹前来，自然喝不过马燧。两个人的喝茶比赛一共喝掉了二十几杯茶，也是蛮拼的。郎士元连连摆手说不喝了，马燧便对他说，你不是说我不能喝茶吗？我都喝了这么多，你怎么反倒推辞不喝了？郎士元无话可说，又硬往肚子里灌了七杯。最后实在撑不住，甘拜下风，才得以脱身。上马的时候“气液俱下”，也真是狼狈得够呛。

第3章

好马配好鞍，好茶也得配好瓷|茶与瓷器

话说你在唐朝人模人样地做起了茶博士，生计是解决了，但还是贫穷。这可怎么办呢？不能拉低了唐朝的人均 GDP，还是倒腾点副业吧。

既然要做买卖，那要买什么？卖什么？你既然是个茶博士，除了卖茶，还可以卖茶杯、茶碗，这在今天叫作捆绑营销。有了这一千多年后的先进理念支持，你很快就要升职加薪了。

皮日休有一首名叫《茶瓯》的诗："邢客与越人，皆能造兹器。圆似月魂堕，轻如云魄起。枣花势旋眼，蘋沫香沾齿。松下时一看，支公亦如此。"这首诗第一句就告诉我们，唐朝时期邢地和越地盛产瓷器，这就是"南青北白"的格局了。

邢窑的白瓷胎釉白净，如银似雪；而越窑的青瓷明澈如冰，莹润如玉。二者都是瓷器中的上品，用来泡茶，倍儿有面子。

宫廷里的瓷器，自然是跟民间的不同。皇帝御用的瓷器叫作"秘色瓷"。陆龟蒙的《秘色越器》诗云："九秋风露越窑开，夺得千峰翠色来。好向中宵盛沆瀣，共嵇中散斗遗杯。"写的就是瓷器中的天皇老子——秘色瓷。这秘色瓷呢，其实也是越窑产的。所以陆羽说："碗，越州为上。其瓷类玉、类冰。"

不怎么苗条的唐朝人呢，在喝茶这件事上，显出了十二分的讲究。

他们对茶的讲究不仅仅体现在茶叶、茶艺、茶杯上，还体现在水上。诗人许浑在《题韦长史山居》里这样写道："溪浮箬叶添醅绿，泉绕松根助茗香。

明曰鳜鱼何处钓，门前春水似沧浪。”这是何等的闲适清幽，喝个茶也能美成这样。

皮日休有诗云：“丞相长思煮泉时，郡侯催发只忧迟。吴关去国三千里，莫笑杨妃爱荔枝。”这里的丞相说的是晚唐时期著名的政治家李德裕，李丞相为了用惠山泉水煮茶，命令地方官员派人快马加鞭从三千里路外的江苏无锡惠山把泉水送到京城来，颇有些贵妃娘娘的风范啊。后来有个和尚看不过去了，对李德裕说，京城昊天观有一汪泉水，水质极佳，与惠山之水相差无几。李德裕亲自考察之后，觉得的确不错。自此不再通过驿站千里运水。

关于这水呢，陆羽还给排了个名次，排序是：第一，庐山康王谷水帘水；第二，无锡惠山寺石泉水；第三，蕲州兰溪石下水；第四，峡州扇子山下水；第五，苏州虎丘寺石泉水；第六，庐山招贤寺下方桥潭水；第七，扬子江南零水；第八，洪州西山西东瀑布水；第九，唐州柏岩县淮水源；第十，庐州龙池山岭水；第十一，丹阳县（今江苏丹阳市）观音寺水；第十二，扬州大明寺水；第十三，汉江金州上游中零水；第十四，归州玉虚洞下香溪水；第十五，商州武关西洛水；第十六，吴淞江水；第十七，天台山西南峰千丈瀑布水；第十八，郴州圆泉水；第十九，桐庐严陵滩水；第二十，雪水。

给这么多来自全国各地的水排行，陆羽估计也是研究了好久。还有一个人也有这样的时间和精力遍游四海去喝水，这人名叫张又新。这张又新尝遍了这二十种水之后，对陆羽的排行榜有自己的看法：“此二十水，余尝试之，非系茶之精粗，过此不之知也。夫茶烹于所产处，无不佳也，盖水土之宜。离其处，水功其半，然善烹洁器，全其功也。……古人云：‘泻水置瓶中，焉能辨淄渑。’此言必不可判也，力古以为信然，盖不疑矣。岂知天下之理，未可言至。古人研精，固有未尽，强学君子，孜孜不懈，岂止思齐而已哉。”这段话主要说了两层意思：第一，在茶叶的原产地烹茶，因为产茶之地的茶和水二者相宜，所以用那里的水煮那里的茶，煮出来都是上品。第二，今人并不比古人差，我们要继往开来，不能思齐而止，要不断有新的发现。

这张又新算是茶水研究中的继往开来者了，同样的在唐朝之后各朝代研究茶水的还有很多人和作品，比如宋徽宗赵信的《大观茶论》，还有叶清臣的《述煮茶小品》、徐献忠的《水品》、田艺蘅的《煮泉小品》、汤蠹仙的《泉谱》等。

第五篇

后天美女，
其实很简单哦

人靠衣装，美靠化妆。唐朝美女打造计划现在开始。先穿上襦裙服试试。嗯，太淑女了，和你的形象太不符了。不如穿男装好了，再做个新发型，化个时下流行的妆，啧啧，唐朝女子也是别有风情的嘛!

第1章

不爱红装爱胡装|胡服的流行

说完了吃喝，我们再来谈谈穿。

唐代的传统服饰是上身穿着襦，下身束裙，搭配着半臂，肩上披着披帛。这款服饰被称为襦裙服。

唐朝是中国古代最开放的朝代，服装自然也是种类繁多了。就拿女装来说，就有袍衫裙等等，还有半臂、背子、披帛、帔子等衣服上的装饰。

袍衫是指长衣。有内衬的长衣叫作袍，没有内衬的单衣就叫作衫。衫里面呢，又分长衫和短衫。不过唐朝的长衫短衫可不是区别身份的象征，仅仅是为了搭配好看。短衫里面有内衬的又被叫作"襦衫"。简单粗暴地说吧，长衫大都是男子穿的，短衫大多是女子穿的。男子的服装（长袍或长衫）一般都是圆领，长度超过膝盖。妇女们的常服是上身短衫，下身长裙。不过一般的平民女子不会穿得很鲜艳。有很多诗歌描述了唐代贵族的服饰，比如白居易的诗"红楼富家女，金缕绣罗襦"。普通人家的女子穿的衣服的颜色和花式就单调多了。

裙子的古代名字叫作"裳"，它可不像今天的裙子一样是女子的专属服饰，古代的男人们也要穿的。不过你在唐朝应该看不到穿裙子的男人啦，因为从隋唐开始，裙子就变成了妇女专属的服饰了，并且一直延续到了今天。唐朝的裙子也分长裙和短裙。长裙及地，通常是重要场合穿的，比如古人十分重视的祭祀之类的活动，女子就需要穿长裙。这长裙的确名副其实，裙腰高至胸部，裙尾拖到地上。短裙是日常穿着。裙子的花样和图案一直在发展变化，每段时期都有流行的样式，颜色以红青黄紫为多，红裙子是绝对的流行之王。每逢佳节，长安城的仕女们多会着红裙出游，仿佛满城尽开石榴花。那场面得有多壮观，请自行想象。杨贵妃却不爱流俗，她最喜欢的裙子是黄色的。这条裙子还不是最珍贵的，要说最珍奇的裙子，非安乐公主的“百鸟裙”莫属了。这条名副其实的“公主裙”，是由许多禽鸟的羽毛和丝线罗布混合在一起织成的，上面还绣有花草图案。从不同光线、不同角度能看到不同的花纹和色泽。这样只应天上有的裙子，平民女子是想都不敢想的，她们的裙子大多是由麻、葛制成的。大部分女子是穿不上丝绸衣服的。

女装中还有一种叫做“袜”。此“袜”非彼“袜”，唐朝的袜其实是指抹胸。文艺的说法叫作“合欢”，其他通俗的说法叫作“胁衣”“袜腹”“兜肚”。这是一种贴身的内衣，用来突出女性优美的体态。

唐代女子还喜欢在衣服外面套一件合领对襟的短袖衫，这种短袖衫叫作“半臂”，很像今天我们穿的马甲，是隋唐时期的流行服饰。半臂长度一般到腰部，通常是对襟样式，衣服前面可以系上丝带。也有少数直接从头顶套入的套头式半臂，这种类型的半臂领口比较大，胸口是敞开的。不管哪种形式的半臂，都是襦裙服的重要组成部分。

相对于短袖的“半臂”，唐代还有一种无袖的“背子”。你可不要认为这就是背心，虽然二者都是无袖的，但是“背子”是长衣，可不像背心那么短短惹人爱。隋炀帝时期，这种“背子”被用来作为后妃及百官母妻的朝服。到了唐朝呢，背子就成了全民正装。唐朝女子们见个家长、陪个上司什么的，都喜欢穿背子以示尊重。这背子长度可以到脚，腰上没有带子束着，比较宽松方便，也挺好看，所以宫廷里的女子们经常穿着。

襦裙服的另一个重要组成部分呢，是披帛。披帛，顾名思义，就是在肩背上披的一条帛巾，也叫画帛，是一条长条形状的巾子，多由纱罗制成，上面印有花纹或是金银线织成的图案。披帛的佩戴方式有很多种，比较常见的是一端纽系于胸前，另一端向后绕过肩背，再垂于身前手臂间或者胸前。也可以由后绕向前，在胸前相交，总之你想怎么披就怎么披。已婚妇女与未婚女子所用披帛形状不同：已婚妇女多用横幅较宽、长度较短的披帛；而未婚女子用的披帛比较细长，长度可达两米以上。在这种披帛的衬托下，未婚的少女们走起路来袅娜妩媚，飘逸动人。

还有个跟披帛挺像的家伙，叫作“帔子”。这个字念“呸”的第四声。没错，这个帔就是“凤冠霞帔”的“帔”。唐朝诗人张鷟《游仙窟》“迎风帔子郁金香，照日裙裾石榴色”，描写的就是帔子和石榴裙这对黄金搭档。唐制，士庶女子在室搭披帛，出嫁时披帔子，所以才有了“凤冠霞帔”这个词。

除了襦裙服，唐代的女子们还有其他钟爱的服饰。大诗人元稹有诗云：“女为胡妇学胡妆，伎进胡音务胡乐。”这句诗向我们展现了唐朝一个现象：唐朝的女子喜欢穿胡服。看来唐朝果然是开明的朝代啊，女子们还挺赶时髦的，赶的还是外国的时髦。胡服中最受姑娘们青睐的是羃篱、帏帽、回鹘装、胡帽和靴。如果你穿越到开元天宝年间，走在长安街上，可以看到很多身着翻领、窄袖紧身胡服、腰系蹀躞带的汉族姑娘。

羃篱与帷帽都是蒙面的帽子，在西域的时候是用来遮蔽风沙的，流传到中原之后，就成了女子出行时遮蔽面容、不让路人窥视的帽子。羃篱是用透纱罗全幅缀于帽檐上，下垂遮蔽全身，而帷帽则是在帽子的四周挂一圈网帘，下垂到颈部。有钱人家的姑娘们会在网帘上加一些珠翠来作为装饰。

回鹘装有点像是翻领的连衣裙，也有点像男子的长袍，袖子窄小，衣身宽大，下长曳地，腰际束带。回鹘装的颜色大多是暖色调的，最常见的是红色。衣服的材质大多是织锦，领子和袖子镶有较宽阔的织金锦花边，衣服整体比较厚实，保暖性能杠杠的。穿着这回鹘装，还需要将头发挽成“回鹘髻”来与衣服搭配。发髻上还要戴一顶金冠，两鬓通常还要插上各种华丽的簪钗。

胡帽即西域地区引进的“浑脱帽”。一般用较厚锦缎制成，也有用乌羊毛制作的。帽子顶部略成尖形，帽子上的装饰各有特色：有的周身织有花纹，有的还镶嵌有各种珠宝。样式也有很多种：有的是曲线帽檐；有的带有上翻的帽耳，帽耳上装饰着羽毛；有的在帽檐部分装饰有皮毛。式样众多，繁简不一，可以根据个人喜好来挑选。

靴子传入中原后，受到中原人民的广泛喜爱，男女都爱穿靴子。李白穿着靴去见玄宗皇帝，在皇宫里喝醉了酒，让高力士给他脱靴的事可是真的。民间女子也十分喜欢穿靴子，最常见的是软底透空锦鞔靴。

蹀躞带在魏晋时期传入中原。唐朝人喜欢佩戴玉带来炫富，每块玉带板的下方，带有能挂载小物品的小钩的玉带便被称为“蹀躞带”。蹀躞带曾一度被定为文武官员必佩之物，用来悬挂算袋、刀子、砺石、火石袋等七件物品，这七件物品被称为“蹀躞七事”。开元以后，官员必须佩戴“蹀躞带”的规定被取消了。官员是不戴了，民间的妇女们却来了兴趣，她们去掉了挂在带子上的“蹀躞七事”，只用狭窄的皮条束着腰。

第2章

相公，把你的衣服借我穿一天呗 | 女子的男装偏好

根据《旧唐书·舆服志》的记载，唐朝时的妇女“或有著丈夫衣服、靴、衫，而尊卑内外，斯一贯矣”。这话翻译成白话文，意思就是无论宫内宫外、贵族民间，女子身穿男式衣服靴子的现象很普遍。这个风潮最先是由太平公主引领的，据《新唐书·五行志》记载，太平公主在一次家宴上身穿紫衫，腰围玉带，头戴皂罗折上巾，身上佩戴着上文所说的“蹀躞七事”，以赳赳男子的仪态载歌载舞出现在唐高宗和武则天的面前。太平公主为什么要穿男人的衣服呢？太平公主可是很有政治理想和政治才能的，又有那么一位巾帼不让须眉的母亲，自然在心里很想与男人平起平坐。

唐朝的男装是什么样的呢？唐代男子服饰有公服和常服之分，妇女们穿的男装一般是男装中的常服。一身常服主要包括帽子、袍子和鞋子。具体说起来就是幞头、圆领缺胯袍和长靿靴。幞头是男子头饰的一种，是由鲜卑帽发展而来的。课本上李白的画像，就是头戴幞头的。幞头一开始比较矮，只是裹在头上。后来人们在幞头下面加了一种叫作巾子的东西，巾子是用桐木、藤草、皮革等制成的，用来支撑幞头，使它固定。巾子的样式和称呼随着时代不断变化，贞观时期顶部低平，称为“平头小样”。到武则天时，巾子逐渐加高，称之为“高头巾子”，根据记载“则天赐群臣然葛巾子，呼为武家高巾子，亦曰武氏内样”，这是高调向群臣宣布：现在天下姓武了，你们戴了我赐给你们的武家高巾子就是我的人了，都得好好为我办事啊！唐玄宗时期的巾子顶部圆大，倾向前额，这种款式称为“开元内样”，制作材料主要是罗、纱等。幞头上还有一个零件叫作幞头脚，是幞头上系在脑后的带子的剩余部分，因为它比较柔软而且垂在脑后，所以也叫作“软脚”。不同的时期幞头脚也有不同的样式。

圆领缺骻袍是隋唐时期最为流行的男装，是一种胡服，其样式是圆领的袍子，衣服的侧面开衩，衩口一直开到骻部，所以名为“缺骻袍”。这种圆领缺骻袍样式简洁，穿起来十分方便，全民都很喜欢穿。但是各个阶层的人穿的颜色是有讲究的。先从官老爷们说起，唐太宗贞观年间规定：百官三品穿紫色，四品穿绯色，五品穿浅绯色，六品穿深绿色，七品穿浅绿色，八品穿深青色，九品穿浅青色，流外官员和庶民穿黄色。唐朝对于庶民的服装还有更为详细的规定：庶人、部曲、客女、奴婢的衣服的通用颜色是黄色和白色，客女和婢还可以穿青碧色，胥吏穿青色。屠贩工商穿黑色的衣服，军人穿的是皂衣。这样一来，一眼就能看出来大家的身份。不同阶层的衣服的用料、花色图案等也是不同的。七品以上的官员可以穿花纹绫，七品以下至九品的官员可以穿丝布和杂小绫。下层劳动人民只能穿麻布衣服。

不得不说唐朝除了不允许有身份的女子独自在街上溜达以外，实在是非常开明了。追溯原因呢，大概是因为唐朝文化和经济都比较繁荣吧。民族之间的交流也比较频繁，对外贸易也发展得很好，这样一来，各种文化相互融合发展，推动了人们思想的进步，整个社会都比较和谐包容。另一个非常重要的原因呢，就是个人魅力的影响啦。谁的魅力这么大啊？女皇武则天呗！作为历史上唯一的女皇帝，武则天带给唐朝社会的冲击性是巨大的。据说在武则天还是个小孩子的时候，她的父母就把她打扮成小男孩的样子，并且带她去算命。相士算出了武则天是帝王之相，着实把她的父母吓了一跳。而她的称帝也使得广大女性的地位得以提升。女人们大胆起来，追求男女平等。她们的思想也开始变得开明，抛开传统礼教对女孩家的束缚，穿着男装出门从事各种活动。

第3章

起早贪黑就为了梳个劳什子发髻，容易吗我？丨女子发型

唐代发髻的种类可是太多了，一天换一样，都能换很久呢。常见的有高髻、低髻、侧髻、小髻、拔丛髻、同心髻、云髻、半翻髻、反绾髻、百合髻、飞髻、花髻、凤髻、螺髻、双髻、望仙髻、惊鹤髻、回鹘髻、乌蛮髻、峨髻、抛家髻等等。这些发髻的名称都十分形象，举几个例子吧：云髻是一种朵云状发髻。半翻髻形状宛如翻卷的荷叶。螺髻的形状像一个螺壳，五代和凝《宫词》中“螺髻凝香晓黛浓”，就是赞美了这种魅力的螺髻。高髻，顾名思义就是很高的发髻。有多高呢？根据记载是一尺高。这唐代的一尺，相当于今天的 25 厘米！也就是说，梳了个高髻，1.6 米的姑娘瞬间变成了 1.85 米啊！秒杀一切高跟鞋！楼堕髻，是在高髻的基础上演化而来的。这事儿还跟杨贵妃有关。相传贵妃娘娘有一次骑马时从马上摔了下来，把头上梳的高髻摔得偏向了一侧，有髻鬓下坠欲解之状，美丽妖娆。旁边的宫女们看见了，纷纷效仿。一时间，这发型广为流传，风靡一时。看来杨贵妃这个女人还是颇有些时尚天分的嘛，落个马也能引领出时尚潮流，魅力果然不是吹出来的。除了这些真真正正用自己的头发梳出来的发髻，唐代还有戴假髻的风俗，这种假髻被称为“义髻”。娘子要是嫌梳发髻费时费力，不如戴上义髻，又方便又美观。杨贵妃就特别喜欢戴（贵妃的出镜率可不是一般的高）。这可不是小丫鬟胡扯的，有史料为证。《杨太真外传》记载：“贵妃……常以假髻为首饰，而好服黄裙。”意思是杨贵妃经常戴着假髻，穿着黄裙子。假髻上还可以涂上黑漆，这种涂了漆的假髻的使用者一

般是贵族女子，还有皇宫里的歌姬舞姬。

发鬟是环形的发髻，要梳成中空的。最常见的发鬟是双鬟，通常是未婚女性梳的，而且一般是地位比较低的女性的发型，又因为双鬟的形状像一个“丫”字，所以就有了“丫鬟”这个词啦。“丫鬟”也叫“鸦头”，李白和白居易都有诗提到，李白写的是“黄头奴子双鸦鬟”，白居易写的是“绣面谁家婢，鸦头几岁奴”。还真是奴婢中的流行发型呢。

这唐朝妇女的发型呢，跟时代有着密不可分的关系。初唐、盛唐、晚唐的发型就有很大的区别。

初唐时期，人们刚刚经历了朝代的变迁，摆脱战乱的阴影，对新生活有一种积极向上的愿景。这个时期妇女发型的特征为上梳，露出耳朵，形成双螺交髻、半翻髻、圆单髻、条形髻等发型，向人们展现了一种朝气蓬勃的干练感觉，充满了活力与激情。

盛唐时期，繁盛强大自然是不用说了，不然怎么叫“盛唐”。这一时期的经济、文化的发展都达到了顶峰。在武则天统治期间，国泰民安，社会开明，妇女的地位也得到了空前的提高，对美的要求也有所提高，发型、装扮等都变得十分讲究。白居易还为此写了一首《时世妆》：“时世妆，时世妆，出自城中传四方，时世流行无远近，腮不施朱面无粉，乌膏注唇唇似泥。双眉画作八字低，妍媸黑白失本态，妆成尽似含悲啼。”用以表现当时女子对妆容的讲究。盛唐时期流行的发型有平梳、稀疏掩耳梳云髻或双梳云髻等。那时有“城中女子交髻，四方交一尺，城中女子广眉，四方且半额。城中女子大袖，辊方全匹帛”的现象，意思是流行的发型和服饰都是从宫中或者京都流传出来，然后传遍全国的。总之呢，盛唐时期的发型种类花样是最多的，也是妇女们最喜欢打扮的一个时期。

晚唐时期社会动荡，民不聊生。此时的发型特征是下梳，完全盖住耳朵，形成各种“抱家髻”，这种十分蓬松的平髻，体现出一种膨胀夸张疏懒的肥美，也反映了当时的妇女们生活的无望与散漫，没有了初唐的积极向上和盛唐的高贵自信。

第4章

化妆术学起来，淡妆浓抹总相宜 | 化妆的学问

在唐朝这个没有整容、美图秀秀以及其他美图软件的时代，弄个好看的发型只是成功做一个美女的一半，还有一半是神奇的化妆术。这唐朝的化妆术有多神奇呢？给你讲个故事吧！汴州地区有个擅于跳舞的女人叫作庞三娘，她就是个把化妆术练得出神入化的女人。庞三娘年纪已经不轻了，跳舞的时候不能像年轻女子一样轻盈，脚步有些沉重。但是因为她特别会化妆，所以别人看见的庞三娘还是那个年轻美丽的姑娘，丝毫没有发现她已经是个大龄女子了。又过了一些年，庞三娘更老了，脸上已经有了许多皱纹。她用薄薄的轻纱贴在脸上，再把云母和蜂蜜混起来涂在轻纱上，看起来呢，还是个年轻貌美的女子。有一次，汴州有个大型舞会，主办方派人过来请大名鼎鼎的庞三娘过去跳舞。使者到她家里的时候，刚好庞三娘没有化妆，看上去就是个老太婆的样子。使者称呼她为“恶婆”，问她庞三娘在哪里。庞三娘骗那个使者说，庞三娘是她的外甥女，现在有事出去了不在家。你明天再来吧，请帖就先留在这儿。使者听了照办了。第二天，那个使者又来了，早已化好妆的庞三娘在家里等着他。使者对她说，昨天娘子不在，我已经见过了娘子的阿姨。庞三娘的化妆术如此神奇，坊间给她取了个外号叫“卖假脸贼”。

看看，这个“假脸”可比今天的“假脸”要厉害多了，不动刀子就能换张脸。废话不多说，快点结交个擅长化妆的闺蜜，让她给你也换张“假脸”吧！

唐朝的化妆步骤呢，大致分为以下几步：敷铅粉—抹胭脂—画黛眉—贴花钿—描斜红—涂唇脂。一一来学一下吧。

第一步：敷铅粉。铅粉是古代的粉底。古称粉锡或铅华，夏商时期就已经出现了，是我国最古老的化妆品之一。具体用法也跟涂美白霜差不多：均匀涂抹在面部，可以达到美白柔肤、提亮肤色、遮斑淡痕的效果。

第二步：抹胭脂。胭脂是由汉代的张骞从西域引进中原的。胭脂呢，也叫“焉支”，实际上是一种名叫“红黄”的花朵，这种花的花瓣中含有红黄两种色素，人们把花摘下来，杵捣一番，把黄汁淘去，制成鲜艳的红色染料。为了便于保存和涂抹，一般多用于丝绵浸染之后晒干，使用时只要蘸少量清水涂抹在脸上即可。因为这名叫“红黄”的花朵来源于焉支山下，所以胭脂最早被叫作“焉支”。大约到了南北朝时期，人们对焉支进行了改进，在其中加入了牛髓、猪胰等物，使之成为一种稠密润滑的脂膏，使用更为方便，效果也更好。由此“焉支”也被写成“胭脂”。到了隋唐时期，胭脂的制作工艺已经有了质的飞越。妇女们也十分钟爱这种化妆品。唐朝女子抹胭脂有多夸张呢？王建的《宫词》里写过这样一句诗“金盆水里泼红泥”，意思是说一个宫女洗完脸之后，盆里的水都变成了红色的泥浆。天哪，这得涂多少才能把清水都弄成了泥浆！说到爱美，当然少不了这个出镜率极高的女人：杨贵妃。据五代王仁裕《开元天宝遗事》记载：“贵妃每至夏月，常衣轻绡，使侍儿交扇鼓风，犹不解其热。每有汗出，红腻而多香，或拭之于巾帕之上，其色如桃红也。”这说的是杨贵妃因为大夏天涂抹了很多脂粉的缘故，汗水都染成了红色的。

第三步：画黛眉。画黛眉就是描眉的意思。描眉的化妆方式，也是古已有之的。早在战国时期，妇女们就很热衷于描眉了。到了唐代这种风气更盛。不管是宫廷还是民间，都十分流行描眉。当时流行的眉毛样式有很多种，像什么小山、月眉、三峰、涵烟、倒晕等等。这些眉形都是将原有眉毛拔去，然后再自己描画而成。眼眉处用青色的颜料绘出各种样式，统称黛眉。阔眉是唐代妇女画眉时采用的主要形式，也称桂叶眉，用黛色淡散晕染，将眉毛画得短而阔，略成八字形。早在初唐时期，宫廷内外就流行起这种阔眉，描绘时一般都画得很长，在具体画法上，有两头尖的，也有一头尖锐一头分梢的；有眉心分开的，也有眉心紧靠，中间只留一道狭缝的；有眉梢上翘的，也有眉梢下垂的，各种样式各种美。到中晚唐时，阔眉的流行度又上了一个层次，周昉的《簪花仕女图》中的贵妇，就是画着阔眉的。关于妇女的眉毛，诗人们也是不遗余力地写了很多诗来描绘，像什么“诏下人间觅好花，月眉云髻选人家”“依旧桃花面，频低柳叶眉”“娟娟却月眉，新鬓学鸦飞”等等，足以看出，不仅仅是女人喜欢描眉，男人也十分喜欢描眉的女人。

盛唐以后，画眉之风更加盛行。就连一些小女孩，也开始学着画眉了。李商隐还为此写过诗：“八岁偷照镜，长眉已能画。”看看，八岁的小姑娘就开始自己偷偷照着镜子画眉了，唐朝果然是爱美的朝代呢。

第四步：贴花钿。花钿又叫花子、媚子，是一种蛾眉间的装饰。它是将一些材料剪成花样贴在额间的，“鹅黄剪出小花钿”就是写的剪花钿。用来剪花钿的材料有很多，像什么金箔、纸、鱼鳃骨、茶油花饼、螺钿壳以及云母片等等，甚至连蜻蜓的翅膀也能用来做花钿，是不是很奇妙呢？唐代花钿的颜色主要有红、黄、绿三种，其中以红色最多。花钿的形状有桃形、梅花形、宝相花形、月形、圆形、三角形、锥形、石榴花形、三叶形以及各式花鸟虫鱼等三十多种，体现了唐朝女子们对美的创造性，其中最常见的是梅花形状。而说起贴花钿在唐朝的流行呢，不得不提起一个女人。这花钿的潮流引导者，是才女上官婉儿。据说上官婉儿有一次触怒了武则天，被武则天打在额头上，留下了一点疤痕。上官虽然在处理政事上不输给男人，但是毕竟是年轻女子，对自己的相貌还是十分在意的。于是她想出了一个办法，剪花钿贴在额上来掩饰疤痕。宫中的其他女子看见了，觉得很美，纷纷效仿。这一流行趋势逐渐蔓延到了宫外，寻常百姓家的女子也纷纷贴起来了。除了花钿，唐朝的女子们还会往面腮酒窝处贴一种装饰，叫作面靥。唐代妇女面靥一般用胭脂点染，也有用金箔、翠羽粘贴的，形状有钱形、杏形、弯月形等。颜色多用朱红色，但也有黄色的。有一种黄色的星状面靥叫作“黄星靥”，“情催巧笑开星靥”说的就是这种面靥。有的妇女还在靥的周围（如鼻侧）贴饰各种花卉，这种装饰叫“花靥”。面靥的由来呢，也跟女子遮脸上的伤疤有关。相传三国时期吴国的皇族孙和酒后舞如意，误伤了夫人邓氏的脸颊。大夫用白獭髓、玉石粉、琥珀屑合药敷贴在邓氏的脸颊上，称此方法可以不留疤痕。后来因为放入的琥珀过多，使邓夫人左脸颊留下了痣一般大小的红点。孙和见了后觉得“更益其妍”。于是其他妻妾纷纷用丹朱点颊。

第五步：描斜红。斜红是在太阳穴两旁描红色，“一抹浓红傍脸斜”。它的来历又是跟女子脸上的伤痕有关了。这次的女主角是三国时期魏文帝曹丕的宫女。这位小宫女不知为何，一头撞上了水晶屏风，霎时血流满面，等到愈合之后，脸颊上留了一道伤痕。结果曹丕更加疼爱这位宫女。其他的宫女们见了，竞相用胭脂在脸上画出假的血痕来引起文帝的注意。

第六步：涂唇脂。现代女子的化妆品里，口红和唇膏是不可或缺的。在唐朝也一样。唐朝的口红叫唇脂，是由朱砂融合动物的油脂制成的，色彩十分明艳。唐朝女子点唇的样式有很多种，有石榴娇、大红春、小红春、嫩吴香、半边娇、万金红、圣僱心、露珠儿、内家圆、天宫巧、洛儿殷、淡红心、猩猩晕、小朱龙、格双唐、媚花奴等，但是最主要的风格还是以娇小浓艳为主。唐朝人的审美中，最完美的唇应该像樱桃那样纤小鲜艳。妇女们为了达到“樱桃小口”的效果，在点唇时，通常先以铅粉涂抹整个嘴唇，然后再以唇脂点出嘴唇，这样一来可以改变嘴型。嘴型厚的，通过涂抹，可以改画成薄的；嘴唇大的，也可以改画成小的。如此神奇的点唇术当然会受到妇女们的高度重视啦。所以在唐朝的化妆术里，点唇也是十分重要的一个步骤。

除了以上六个在脸上做功夫的步骤以外呢，还有一项也是非常重要的——美甲。当然啦，美甲是现在的说法，在唐朝，技术没有现在这么发达，但是唐朝女子也依据当时的条件想出了美化指甲的方法，那就是用红汁染指甲。这红汁呢，就是凤仙花的汁液。凤仙花腐蚀性很强，花开之后，人们摘下花瓣，捣碎以后加入明矾，就可以用来染甲了。古代没有指甲油瓶子里的小刷子，要怎么涂在指甲上呢？其实在唐朝呢，是不采用刷染这种方法的，妇女们是通过浸染的方式给指甲着色的。就是将丝绵做成指甲的形状，浸到制作好的凤仙花汁中，让它充分吸收颜料，然后再用布条将染好的丝绵绑在洗净的指甲上。这样过上一夜，指甲就染上了颜色。通过这种方法染的指甲，可以好几个月不掉色。

第六篇

安得广厦千万间，唐代住房不简单

卖房啦卖房啦，本楼盘盛大开业，占地百亩，交通便利，毗邻酒肆。由长安皇家设计学院亲自操刀设计，建造装修布置一条龙服务，奢华体验，专为穿越者设计，你值得拥有。

第1章

皇宫五星级，官邸三星级，咱民居也是个两星级丨各阶层住房

你到了唐朝的长安以后，每天白天在街上到处溜达，把该吃的都吃了，该玩的都玩了。晚上在旅馆暂住。人可以住几天旅馆，但总不能一辈子住旅馆吧，还得买房。

既然打定了主意要买房，那就得了解一下唐代住房的基本知识了。

众所周知，隋炀帝奢靡无度，大兴土木建造了很多宫殿。唐朝初期李世民吸取了这个教训，在修建宫殿上以简朴为主。宫殿就沿用了隋朝的旧宫殿，新建的离宫用了草顶。看看，够简朴吧。盛唐时期，国力实在是太昌盛了，此时的统治者高宗以及武则天就开始大兴土木了。高宗在洛阳建造了宿羽宫、高山宫、上阳宫等宫殿。到了武则天时期，又建造了明堂和天枢。这在当时是非常高的建筑了，相当于是唐朝的摩天大楼了。明堂还有个神气的名字叫作“万象神宫”。这“神宫”可不是乱叫的，以这个建筑的高度，还真能够得着天上的神呢。你别不相信，明堂一共有三层，高度是二百九十四尺！怎么样？是不是非常高！除了高，还很大呢。四周有三百尺。除了大，还很精巧华美呢。下层取法四时，各随五方色；中层取法十二辰，设有九龙环捧着的圆盖；上层取法二十四气，顶上也有圆盖。上面又放置着涂着金的铁凤，高有一丈，表达了女皇巾帼不让须眉的气概。明堂的北方，还造了一个“天堂”。别误会，这个天堂是专门用来放佛像的，而且放的是巨大的佛像。天堂有五级，比明堂还要高许多。站在天堂的第三级就可以俯视“万象神宫”了。

天枢作为另一个摩天大楼，个头自然不会小，这个八面形的建筑有十丈五尺高！天枢下面也是大有乾坤，铸有一座铁山。周围有十七丈，有铜铸的麒麟、蟠龙等吉祥物围绕在铁山周围。天枢的上方呢，有一个“腾云承露盘”，方圆三丈，有四条捧着大火珠的立龙。这个“腾云承露盘”象征着皇帝离天很近。

而这所有的宫殿中呢，最具有代表性的要数大明宫。大明宫也是唐代最大的宫殿，比现在北京的紫禁城大四十四倍。大明宫巨大的建筑群，以屹立于砖台上的殿阁与向前延伸和逐步降低的龙尾道相配合，表现出了一个封建大国鼎盛时期雄浑的建筑风格。

当时的宫殿建筑群主要有三个，一个就是这宏伟无比的大明宫，它位于都城长安的东北方向。一个是位于长安城正北方的太极宫。这个太极宫就是人们所说的宫城。宫城呈长方形，东西长 2820 米，南北宽 1492 米，周长 8.6 公里。宫城分为三个部分，正中央为太极宫，称作“大内”；东侧是东宫，是太子居住的地方；西侧是掖庭宫，是后宫妃嫔们的住所。宫城的南边是皇城，是中央政府办公的地方。太极宫和大明宫是相通的，城墙旁有连接两个宫殿的复道，两宫的人可以彼此往来。第三个宫殿建筑群是兴庆宫。这是三个宫殿群中最年轻的一个，是玄宗时期建造的。它的前身是玄宗皇帝自己的旧邸，改造成宫殿之后，华美雄伟，焕然一新。兴庆宫有花萼相辉楼和勤政务本楼，占地有两个坊那么大。楼前有大广场，是专供节日的时候歌舞表演用的。兴庆宫的复道最宽的地方有二十几米，可以通往城郊的曲江。玄宗皇帝还真是会享受生活啊，也不知道玄宗有没有带着贵妃娘娘走过复道去共游曲江呢？

在唐朝所有的宫殿中，最雄伟壮观的要数含元殿了。这含元殿所处的位置就不一般。它被建造在龙首原高岗上。听听，龙首原，这名字就透露出一股帝王之气啊。在这里建造宫殿，千秋万代统治天下的希冀不言而喻啊。这含元殿高有五十多尺，面阔十一间，左右两厢建了两个阁子，分别叫“栖凤”“翔鸾”，多么有意境的名字。含元殿的殿前是一条长七十五米的龙尾道。群臣站在道上参拜的时候，“仰观玉座，若在霄汉”，估计连皇帝长什么样都看不清。要是个近视眼，连皇帝在哪坐着都瞧不见。

下面我来给你介绍个稍微实际点的——官邸。

唐朝的官邸不是免费提供的。大唐政府有规定，官员住官邸是采取租住制的。如果你当上了京官，自己又没有买房，那政府可以租给你官邸。

不过，并不是所有官员都需要租住官邸。对于一些德高望重的朝廷重臣，朝廷是有些照顾的，可以免费提供官邸的。但是一些官可能连官邸都没有资格租住。比如，大诗人白居易。当时白居易在京城做官，官职是礼部主客郎中。官职虽然不小，但白居易的生活似乎过得并不好。他还写了首诗表达了这无房一族北漂的忧伤："游宦京都二十春，贫中无处可安贫。长羡蜗牛犹有舍，不如硕鼠解藏身。且求容立锥头地，免似漂流木偶人。但道吾庐心便足，敢辞湫隘与嚣尘。"看看，多么无奈啊！京城难混啊！失意的他总不能露宿街头吧。他在长安东郊长乐里租了四间茅屋作栖身之所。后来，白居易终于攒了一些钱，买下了一处自己的房子。当然，没有买长安城里的房子。他买的房子在陕西渭南县（今陕西渭南市），靠近长安城。没办法啊，都城的房价，不是每个小官都买得起的。不过不管怎么说，总算是不用"长羡蜗牛"了。

白居易的居住条件还算是不错的了。唐玄宗时期有一个宰相叫作卢怀慎，有一天请病假没去上朝。卢的几个同僚去他家探病，到了一看，惊得几位官员的下巴都要掉下来了，只见"器用屋宇，皆极俭陋"，门上都没有帘箔遮着，遇到刮风下雨，就只能拿条席子挂在门上遮风避雨。进屋一看，下巴是彻底落地了：堂堂宰相居然躺在用竹片编成的破旧床垫上，哪里还像个国家官员，分明跟贫困布衣没什么两样了。

唐朝时期，官邸和官府衙署有了明确的划分。也就是办公室和家离得不近。官府衙署通常在皇城里，也就是宫城的正南方；而官员们的住宅大部分在外郭城的居民区里。

一些大官的官邸自然是不用说，给个三星级都够不上它的档次。首先，这些官邸的大门就十分气派，有些采用的是乌头门形式。宅子通常是四合院，用有直窗棂的回廊连接着。也有些房屋位置不完全对称的，但是仍然是用回廊组成庭院。这些官邸的结构大多都有明显的中轴线，左右被中轴线分为对称的两部分。主要的建筑都在中轴线上，左右建造一些次要庭院。这其中最大的是中央的主要庭院，庭院的后面通常建着正殿。正殿的左右有回廊，回廊曲折向前，围成一座四合院。走廊转角处和庭院两侧常有楼阁与次要殿堂，用圜桥来连接这些楼阁的上层。整体建筑层次分明，错落有致。这些官邸的屋顶常用叠瓦屋背脊鸱吻，瓦当则多用莲瓣图案，还有一些用木仿瓦，在外面涂上油漆，以及用“镂铜为瓦”的情况。唐朝的官员，大多数是科举取士，也就是说，大多数都是文化人。既然是文人，就比较讲究情调。所以这些官邸大多还带有假山、园林之类。

这是官员们住的地方，那他们办公的地方怎么样呢？清朝的顾炎武在《日知录》里这样形容唐朝建造的办公室：“廨舍之为唐旧创者，其基址必皆弘敞。”这说明，唐朝官员的办公室非常的宽敞大气。一般情况下，官府廨署不仅有厅堂、内室、仓库、马厩等必备的空间，还有园林水榭，甚至有些官府还设有球场。官老爷们下班了可以留下来打个马球什么的。官府中最气派的地方是中堂。中堂是官员们议事的地方，也是接待来宾的地方。官府有自己的食堂，有专门的公厨掌勺，专门供官员公款吃喝。这叫“会食”制度。会食的地点呢也在中堂。但是你想想，吃饭得喝酒吧？喝酒得行令吧？行令得吆喝吧？太不庄重了吧！这中堂可是谈正事的地方。于是就另外设了吃饭的地方，叫作“设厅”或者“飨军堂”。

怎么样？你也想弄个大官当当了？先把文言看懂了再说吧。

长安城里，最多的建筑，当然是民居了。

唐长安城街坊以道路划分，全城一共被划分为108个坊，坊是城中的一个居住单元，每个坊的面积是25~70公顷，相当于今天的大型的住宅区。坊里面有巷、曲等井字形道路系统，房屋的门开向巷、曲，你要是想上街，必须要通过坊门。坊四周有高墙围着，坊墙不得随意开门开店，夜晚还要实行夜禁制度。这夜禁制度就是晚上要关闭坊门，不允许人出坊到街上乱走。

普通平民的房屋呢，规格比较低，还要受法律的限制。没错，别惊讶。

唐朝政府对于都市居民的房屋规格是有制度上的规定的。政府确立的房屋规格标准是庶民构屋四架，门一间两架。要是超过了这个数目，就算违法，要接受惩罚。如果你要是越了界，或者私自打个墙，或者占了公共空间，或者搭了个违章建筑什么的，那都是违法的。

庶民也分贫富。富裕点的庶民，大多用木、石、砖、瓦修建房屋。生活拮据的庶民呢，就只能用泥土、茅草、竹子之类的造房屋了。这种现象在农村比较常见。长安城里的整体生活水平要高一些。

有钱有势的大户人家，自然是把房屋建造得很气派的。比如某些大官，在官邸之外，还要买房买宅买小妾，把大把的俸禄投入房地产事业中。这些大户人家的房屋，一般都是四合院式的庭院结构，由大门、前院、主院、后院构成。大门前面还有照壁。照壁是中国传统建筑特有的部分，又称影壁或者照墙。关于它的来历，还有个有些可怕的说法。在古时候呢，人们认为自己宅中不断有鬼来访。他们想了个办法，那就是修上一堵墙，以断鬼的来路。因为据说小鬼只走直线，不会转弯。还有一种说法就没这么惊悚了，这种观点认为照壁是中国受风水意识影响而产生的一种独具特色的建筑形式。

照壁后面就是大门了，大门的旁边还设有小房。有客人造访的时候可以让客人进来休息或者下榻。也被称为“客馆”和“门馆”。进门之后，先到的是前院，然后是中门，然后才是主院。两院的东西两厢房都各自有廊屋。宅院的正中央是中堂，这是整个宅子最核心的地方了。这里是举行宴会、接待贵宾、开设典礼的地方。书香门第还要在中堂另辟书房、画室这样的地方，里面藏有书籍、字画等等。大户人家当然不是只有自己一家人住着，还要养着一群奴婢小厮。这些身份低下的下人们通常都住在主屋的旁边。这样主人一叫，立刻就能听见，从而及时依据指示办事了。

中堂后面是后院内宅，一般是女眷们居住的地方。有些有钱人家还要在后院后面再建造个花园，弄些假山水榭之类的，绑个秋千，种些花，养些鱼，以供游玩观赏。

第2章

买房不看广告看风水|关于住宅的风水

郎君，我知道你买房安家心切，我也知道你钱袋鼓鼓不差钱。但是，这房子不是你想买就能买的。那些价格、地段什么的，统统都不是你最重要的参考标准。

那什么才是最重要的要素呢？告诉你吧，是风水！要了解人家唐朝的风水学问，先去请一个风水先生吧。

风水先生是风水文化的创造者和传承者，他们给人们择地、预言吉凶，是十分特殊的一个群体。这个群体里，有士大夫，有和尚道士，还有一些神秘的民间人士。

先说士大夫中的风水先生吧。这个阶层对于学习风水学是有着得天独厚的优势的。首先，他们是读书人，有文化，有良好的研究能力和理解能力。再者，他们也有条件接触到最好的风水典籍。为什么？因为他们是皇帝的人啊。皇帝们可是最看重风水的人了。这些士大夫们肩负着为皇帝选取宫殿地址和陵墓地址的重任，学习研究的环境自然是被高度重视的，因而能接触到最机密的典籍资料也是很正常的。第三方面呢，士大夫阶层的地位相对比较高，号召力也相对强一点。这样一来，组织个学术交流会什么的也不费什么大力气。大家互相学习，互相交流，共同发展，皆大欢喜。

第二类风水师是道士。自古以来，道教都是与阴阳五行联系在一起的，自然也研究风水之术。很多道士都身兼数项技能，比如炼丹、占卜、驱邪、给人看风水等等。所以这个群体出风水师也是自然而然的。

第三类风水师是和尚，说得专业点，是僧侣。如你所知，佛教也是个盛产大师的地方。大概是因为佛门清净地，不被打扰，研究起学问来更容易全身心投入吧。而且僧人还可以云游四海，见多识广，自然也懂得多了。

了解了这么多风水师，你可以有目的地去找了。找到了风水师呢，就跟着他一起去寻找属于你的宅子吧。

风水师会边帮你找地方边告诉你，等你买好了房子呢，记得要在室内供奉着神仙像。不是光放着就行的，还需要供上供品朝夕礼拜，祈求神仙保佑你全家安康。

风水师还会跟你强调风水的重要性。这风水如果选得好呢，不仅自己和家人会过上好日子，你的后代也会过上好日子；如果选错了风水，那不仅你倒霉，后代也要跟着倒霉了。

房子选好之后，很多时候会需要改建或者扩建。这时候也有一些跟迷信有关的习俗。比如房屋上梁的时候需要供奉香火祭祀，还要念上梁文，唱《上梁歌》，对着天地鬼神祈祷，愿合家平安家业兴隆。宅第建好之际，还要请道士念《镇宅文》来保佑宅子不被鬼怪侵扰。还有个挺好玩的习俗你之前一定没听说过。唐朝人在建造好房屋之后，要在房屋旁边竖立一块“镇石”。这是为了驱魔镇邪而立的，镇石上还要写上“石敢当”三个字。这是普通人家的做法。有些官廨旁边的镇石上的字会复杂一点。比如福建莆田的某郑姓县令就在当地的官廨所立的镇石上刻了“石敢当，镇百鬼，压灾殃，官福利，百姓康，风教盛，礼乐张”。

唐朝人在新房建好后搬迁进去的时候，还有“暖房”的习俗，就是请邻里朋友过来新居吃饭喝酒，一起聚一聚，彼此熟悉熟悉。被请的邻居友人也不是空着手带着一张嘴就来了，还需要准备一些礼品，用来庆贺主人的乔迁之喜。这跟咱们现代有些地方的习俗差不多。等郎君要搬进新房了，可别忘了杀鸡宰羊，沽酒买菜，请大伙好好吃一顿啊。

第3章

需要装修吗？长安皇家设计学院为您服务 | 房屋装饰

房子建好了，就这么火烧眉毛似的赶紧收拾细软住进去？哎，我说，郎君你好歹是个伪唐朝人，手里又有些积蓄，何不好好装修一番，毕竟这毛坯房住着没啥生活情趣。不如去长安皇家设计学院请个设计师来，好好给你打造一个独具特色的房子，以后请朋友到家里来吃饭多有面子啊！

请来设计师呢，人家要跟你交流吧。郎君你喜欢什么样的装修风格呢？是欧式的还是中式古典的还是美式风格或者地中海风格？这是你的朝代，还是听你的吧。对了，连家具也麻烦设计师一并给采办了吧。这设计师还真是身负重任啊，不仅要设计方案，还要采办家具，说不定还亲自上阵给你刷个墙掏个壁橱什么的。等完工了你可得好好谢谢人家。于是，设计师就大刀阔斧地给你忙活起来了。

这长安皇家设计学院的技术水平还真不赖，这不，没过多久就完工了。郎君可以去验收成果了。

你在设计师的陪同下，走到了焕然一新的宅子里。咱们首先验收的是客厅。设计师得意地向你介绍着这屋里的各个物品。郎君你看，这坐床是用上好的木头做的。你看上面的花纹是石榴和核桃，象征了郎君日后必定多子多孙、多福多寿。再看这几案和凭几，都是请城里最好的木匠打的。郎君你再来看看这灯。现在是白天，看不出来点灯的效果。不过郎君可以先看看这个灯台。这灯台上刻着鸟兽，您仔细瞧一瞧看一看，是不是栩栩如生！这个灯台不仅好看而且实用，可以同时点十盏灯呢，到了晚上啊，屋内亮如白昼，郎君就不会怕黑了。您再来这边看看，这花瓶是上好的青瓷制成的，上绘娇艳的花朵，是不是很精致呢？对了，还有这屏风也很雅致，上面的美女活灵活现，就跟随时会从画里走出来似的。这边的帷幕郎君也来仔细瞧瞧，你看这上面的花纹，是不是精美无比呢？

掀开这帷幕，后面就是郎君的卧房了。看看这床，这可是我为您量身定制的，床身上刻着连理枝和比翼鸟，床上面还配有一个可以活动的几案，可以供人在床上读书写字弹琴下棋，最适合郎君这样连采办家具都要交给设计师的懒人了。床上的衾（就是我们现在所说的被子）里子是上好的棉花，面子是丝绸的，花纹是鸳鸯的。这枕头是竹子做的，上面的图案也是鸳鸯。再看这床帐，是用绫罗制成的，看看这上面的牡丹花，象征着郎君是大富大贵的命啊！再过来看看这香炉，形状是个鹊尾。炉盖上雕的花纹是走兽。郎君多在室内点香，可以安神助眠，熏染被褥，还可以驱邪呢！这把铜镜是专门为郎君日后的夫人准备的，上面刻的是双鸾衔绶纹，也就是鸾鸟的嘴里衔着长绶的图案。这图案不仅好看，还有特别的寓意。“绶”与“寿”谐音，鸾鸟又是吉祥鸟，这个双鸾衔绶的纹样隐喻了郎君一家吉祥长寿，郎君可还满意？

咱们再到书房看看。您看这书房的采光多好，郎君您母亲再也不用担心您的视力了。这书案也是红木的，敲敲看，多有质感！笔墨纸砚我也都为郎君采办好了。书架和书橱也是上好的木头打造而成的，上面雕着精美的几何图案。书籍需要郎君自己添置了，因为我实在不知道郎君您在读书方面的喜好。郎君还可以上街买书的时候顺便采买些工艺品、字画等物件摆放在书房里，营造出浓郁的文化气息来。

来，郎君这边请，咱们去后院看看。这后院我给设计了个园林。你看这小花圃里种植着牡丹、芍药、梅花、桃花等等，一年四季都能赏花。这边还有个池塘，里面种着荷花、莲花，还养着几十尾鱼，是不是很有情趣？池塘边的假山也是造型独特，等郎君将来有了孩子，可以带他们钻山洞玩。这儿还有个秋千，您可以坐上去试试，是不是很有童趣？再看这边的竹园，郎君可以和友人在竹涛声中畅饮作诗，更能增添雅趣。郎君怎么样？还满意吧？

第七篇

莫问行路有多难，亲自试试就知道

想要出去溜达，来，这头驴牵好。到了驿馆别光顾着自己吃，记得给它也吃点好吃的。你在唐朝的旅行，可都指望它呢。

第1章

条条大路通罗马，可你得有通关文牒｜道路桥梁与关口

你到了唐朝，除了选择过上安定的生活，买房买马，娶妻生子，还可以选择一种飘逸的生活方式——行万里路。

在进行这场说走就走的旅行之前，你得做些准备。首先，带上钱。要是钱太多了背着嫌重，那就采取“飞钱”的方法，把钱寄存在当地，换一张券。到了外地需要用钱了，找到那里经营飞钱的地方，凭券取出钱就行了。

盘缠的问题圆满解决了，接下来是路线的问题。唐朝没有 GPS，也没有百度地图，你还是很有可能会迷路的。那怎么办呢？你得事先了解一下这唐朝的交通道路的基本情况。到时候就算扯个路人问路，也不至于说不清楚让人给指错了。

首先来说一下唐朝的路。这路呢有很多种，当然不是高速公路、水泥路、沥青路这样的分法，因为唐朝的路要么是土路，要么是石子的，要么是沙子的。回到正题，这唐朝长安到外地的道路呢，是这样划分的。首先是划成了两大类：陆路和水路，然后才是详细的分类。具体分为这几种：御道（又分为驰道、夹道、御河），贡道，驿道。

御道是专供皇帝出行的道路，听名字就能略知一二。陆路的御道又分为驰道和夹道两种。驰道是唐朝全国最高级的道路，不管是道路的规格还是修建的水平都是最高的。因为这驰道是专门给皇帝和他的随从们的车马通行的道路，当然不可能是豆腐渣工程，不然要是皇帝在上面骑马骑得好好的，突然道路塌方掉沟里了，有多少脑袋都不够砍的。唐朝最有名的御道，是“天街”。没错，就是韩愈“天街小雨润如酥”中的“天街”。这天街是长安承天门外的一条大道，这大道“大”到什么程度呢？最宽的地方有一百五十米，直通皇城的朱雀门。夹道又叫作复道，前面我们略有提及。复道是建造在宫殿和宫殿之间的通道。据说玄宗皇帝建造的兴庆宫的复道最宽的地方有二十几米，可以直接通往城郊的曲江。我们接着说水路中的御道——御河。最有名的御河要数隋炀帝时期开凿的大运河了，这也是当时规模最大的御道，河宽有六十米左右。御河两岸还另外辟有专门的驰道，舟在水中行，岸边还要有车马护送。这排场，也只有皇帝能享有啊。

贡道是地方向朝廷输送进贡的物资的道路，有水路也有陆路。既然是进贡物资的道路，也就是统治者的“财路”，中央政府自然是极其重视的。中央政府要求贡道所经之处的地方政府必须维护好这条“财路”，在一些险要的地方，还要经常开凿或者疏浚，以保持道路畅通。有官员甚至耗费了巨大的人力物力开凿出了长达七百里长的山路。

驿道你应该不陌生，它是全国的交通主干线，官民商旅都可以走。驿道以京都长安为中心，分散至全国各地。驿道也是水陆都有，每三十里设一个驿，这驿也是水陆都有的。据记载，唐玄宗时期的驿馆有一千六百三十九所，可以想见这驿道有多长。

说到这里你应该明白了，你要是出行的话，要走驿道。那要往哪个方向走，走多远呢？

你去翻翻当时的地理书，会翻到长安地区到四周地区的四至八道，这里面有些具体的数据：至东都 835 里，东南至商州 265 里，西南至洋州 630 里，东至华州 180 里，南取库谷路至金州 680 里，正西微北至凤翔 310 里，西北至分州 300 里，东北至坊州 350 里，正东微北至同州 250 里。

这样一来你应该很清楚了，这数据这么详细，一路上又有驿馆接应，应该是丢不了了。但是虽然唐朝的道路四通八达，却也不是可以任你畅行无阻的。等你走了挺远的路之后，可能要经过“关”。

这关呢，就是关口，通常设立在地势险要的山川河谷等要塞地带。设关的目的是限隔内外，防止奸邪混入危害国家安全，同时也征收关税，稽查行旅。设在不同地区、不同位置的关的重要性也是不同的。唐朝把京都四周及边陲地区的关分为上中下三个等级。这其中上关有六个，分别是京兆府蓝田关、华州潼关、同州蒲京关、岐州散关、陇州大震关、原州陇山关。此外还有十三个中关和七个下关。这二十六个关口被称为“天下之关”。

长安地区被称为“关中”，从长安东出潼关，叫作“出关”，郎君你要是想要出关的话，那可千万要小心，不是我吓你啊，这潼关自古就是军事重地，地势险要得很。潼关的地势“西薄华山，南邻商岭，北距黄河，东接桃林”，要是发生战乱，一旦潼关失守，京都长安就不保了。安史之乱的时候，哥舒翰没能守住潼关，玄宗皇帝就不得不逃出京城。这潼关的重要性可以想见了。

如果郎君你想去西域看看，那你就要通过玉门关和阳关。听起来都是关口中的明星啊，毕竟“羌笛何须怨杨柳，春风不度玉门关”“劝君更尽一杯酒，西出阳关无故人”咱们从小就会背。玉门关也叫作“玉关”，在今天敦煌西北的一个名叫小方盘城的地方，是通往西域的北道门户。阳关是通往西域的南道门户，地处今天的安西双塔堡附近。要是你经过了这两个关口，说不定也能吟出几句诗句。

如果你想从长安去荆、襄一带，那就要通过蓝田关。这蓝田关的位置在蓝田县的东边、骊山的南边。之所以要叫“蓝田关”呢，是因为关口所在的地方盛产蓝田玉。这个关口也算是个明星关口，唐宋八大家之一的韩愈为它写过诗：“云横秦岭家何在，雪拥蓝关马不前。”你要是经过这里，别忘了搜肠刮肚诌几句诗。

如果你想去其他的地方，那也要经过各种关口。这关口可不是你说过就过的，你得有通关文牒。通关文牒这四个字你一定不陌生，《西游记》里，唐僧每到一个国家，都要去见当朝的国王，告诉国王自己是从东土大唐来的，要去往西天取经，希望国王给倒换下官文，给他的通关文牒盖个印。

这里的通关文牒和唐僧的通关文牒是一种东西，都是通关关口的凭证，又叫作“公牒”。在不同身份的人手上有不同的称呼，你也需要了解一些，免得到时候闹了笑话。这公牒在驿使手上叫“符券”，在军防、丁夫的手里叫“总历”，在民间百姓手里叫“过所”。明白了吗？你在通关的时候守关士兵问你要“过所”，你可别愣着不知所措。

如果你出来的时候没有办理“过所”，又私自出关被抓住了，那是要坐牢的，坐牢的时间还不短，得有一年呢。所以啊，没有过所就别出来了，被抓住了可太不划算了。办理过所可不是件简单的事，你需要跟衙门接触，把自己的姓名、年龄、状貌、出行理由、目的地、途中的路线、往返时间、随行人员、物品、牲畜等详细信息写在申请书上递交到你所在的县、州的衙门，并且还要找个担保人给你实名担保。县里的衙门收到你的申请之后呢，需要仔细核实审查，确认无误之后，需要由县令和尉签字，并且送到上级单位，也就是州和府申请。州、府的长官收到县里交上来的申请，要再次审核一遍，审核通过了，就由具体掌管这一事务的府史拟定过所，一式两份，再由户曹参军主判、录事参军勾检、盖印，然后一份交给你本人，另一份留着存档备案。你收到过所之后，这一系列程序才算是圆满完成。怎么样，是不是十分烦琐？不过你也不能怕麻烦，正所谓好事多磨，想想远方的好风光，这一点点的麻烦又算得了什么呢？你连千年的时光都跨越了，还跨越不了这烦琐的程序吗？

你费了好些事，终于拿到了过所。可你不能总走陆路吧，下面我再来给你普及一些关于水路的知识。这水路就是江河湖泊之类的，如果你跨国旅游的话，是不需要出海的。要走这水路呢，有这么几种方式：一是坐船，这部分我们下一章给你讲交通工具的时候会详细说明；二是游过去，前提是你不是个旱鸭子而且体力跟得上，要是那河实在一眼望不到边或者是冰冻三尺冰面凿都凿不开，那还是算了；第三个办法呢，太简单了，说出来怕你打我，那就是走桥上。

唐朝的桥大致分为三大类：木梁、石梁、舟梁。顾名思义，木梁就是木头造的桥，石梁就是石头造的桥，这个舟梁稍微复杂点，就是用船连在一起搭成桥。是不是挺好玩的呢？连舟为梁，过这种桥的时候可得小心点，在船上蹦来蹦去翻了船可就不好玩了。

这三类桥光说你可能还不是很能明白，让我来举几个例子给你看看。首先举个木梁的例子，位于长安北方的中渭桥。中渭桥起初的名字叫作渭桥，始建于秦。西汉时，又多了个名字叫作横桥。这个名称的来历是中渭桥地处长安城横门外。中渭桥的桥柱是排架式，四根木柱为一排；排柱上有两跳斗拱承托木梁、桥板、桥栏。桥顶随券顶略呈八字形。桥头有华表、神妖。这个桥还挺命运多舛的，唐朝之前曾遭两次焚毁两次修建。唐朝时期也经历了两次重修，稍微调整了桥的位置。桥修成后，南逾秦岭通商雒（洛）；北抵鄜州、盐州。当时的进士乔潭为这座桥写有《中渭桥记》碑文，根据碑文记载，桥是利用农闲时间修建的，参与者众多，有铁工、水工、木工等。

石梁桥的代表是长安东边灞水上的灞桥。灞桥始建于汉代，用四段圆形石柱卯榫相接从而形成了一根石柱，由六根石柱组成一座轻型桥墩，墩台上架木梁并铺设灰土石板桥面，这是石柱墩的首创。唐朝时期，灞桥上设立了驿站，很多离人与他们的亲友在这里送别，有时还折下岸边的杨柳相赠，这浓浓的离愁别绪也催生了灞桥的新名字——“断肠桥”。听起来有一种凄美的诗意呢。

舟梁桥的代表，是有“天下第一大浮桥”之称的蒲津桥。蒲津桥是从长安通往黄河以东的交通枢纽，规制十分雄伟。然而最初的浮桥是竹缆连接的，春天的时候河水激流，冬天的时候水面结冰，都很容易损坏桥。后来唐玄宗下令把竹索浮桥改建成铁索浮桥，铸了铁牛八头，铁柱二十四条，连锁三十二条，山架八所，铁木牛人八枚，用来加固浮桥。蒲津桥的用铁总量占了当时全国年产量的近五分之四，这是用了多少铁才造出了这样一座铁索浮桥啊，也足以看出统治者对这座桥的重视程度了。

了解了这么多，你可以收拾收拾行囊上路了！祝你旅途愉快，一路顺风！

第 2 章

出行全靠两条腿？你当你去取经啊 | 交通工具

公牒到手了，盘缠也够了，路线也清楚了，就差交通工具了。

这唐朝的交通工具，自然是没有现代的那么先进，你别指望坐上飞机高铁动车地铁汽车什么的，在这个朝代，这些通通没有。你别想着日行千里这种事了，一天能走个几十里，就谢天谢地吧。遇上个高山险滩什么的，可能要拖延更久呢。

不过你也别担心，唐朝人虽然交通工具不是很先进，但是也不是没有。你还可以“自驾游”呢。没错，你真的没有听错，真的可以“自驾游”哦。只不过嘛，你驾的不是越野车，而是马、驴、牛之类的牲畜或者这些牲畜拉的车。

在唐朝，车与骑是最常见的交通工具了。这车呢，就是上面所说的马车、驴车、牛车等等。而骑呢，就是指这些马、驴、牛以及其他可以驮着你的牲畜啦。车和骑，在古代也是有尊卑之分的。通常认为骑要高级一点，是身份尊贵者的出行工具。在先秦到秦汉时期，大官入朝或者参加重大的活动如果没有乘车，还要被视为失误，要受到惩罚。例如汉宣帝时期的列侯韦元成侍祠宗庙，刚好下雨，路上十分泥泞，于是他没有驾车，而是骑着马前去。就是这么一件现在看起来没什么大不了的事情，却让他因此遭到弹劾，失掉了官职。

唐朝时期这种以驾车为尊、以乘骑为卑的观念淡化了许多。百官入朝多选择骑马而不是乘车了。就连宫里面的女官，出现的时候也经常骑马。可见唐朝的这种尊卑观念的确淡了很多。

这唐朝的马，也不是你想骑就能骑的，有身份和等级的限制。一般来说，王公贵族和百官才可以大摇大摆地骑马。民间士阶层中的富豪们也可以骑马，贫寒之士只能骑驴。那些普通的百姓、市井小贩、犯罪被流放之人还有奴仆下人是被禁止乘骑的。而且民间也不允许私自养马，至于为什么，大概是因为马在古代也算是军用物资吧。而且养马可是很烧钱的。你别看马好像不过是很普通的坐骑，但其实养马的开销是很大的。马匹的价格、饲料的价格都挺贵的，一般人家根本无力承担。所以有些清廉的官员只能骑一些不是很好的马，称之为“劣马”，或者还有连劣马都买不起的小官，只能骑驴或者步行了。想想还觉得挺心酸。

普通百姓一般骑驴或者牛或者骡子等牲畜。但是也有些人，明明有条件骑马，偏要搞头小毛驴骑着，以此来显示自己的清高、不流俗。比如唐朝诗人，被称为“诗鬼”的李贺，就喜欢骑着驴，后面跟个小童。每次灵感一来，就写下来放进囊中。慢慢地积累，成了一代诗人。

说到骑牛，你是不是瞬间想到了那个骑在牛背上遥指杏花村的小牧童？其实啊，这骑牛可不是山野村夫的专利，唐朝的文人也喜欢骑着牛出去溜达。也许是文人们认为，自己骑在牛背上，能写出很“牛”的诗篇来吧。

还有一种比较贵气的出行方式——乘坐舆。这舆通常是由人力抬着前行的，所以也叫“肩舆”，就是我们所说的轿子。一般适用于达官贵人，要是没有一定的经济条件，也雇不起轿子。

上面说的全是陆路的交通工具，下面来讲讲水路上的交通工具——船。古代渡河，如果没有桥的话，又因为种种原因无法泅渡，又不想绕路，那就只能坐船了。上船的地方叫作“津”，也就是我们通常所说的渡口。想要坐船呢，你得在渡口交钱，船家才会把你渡过去。因为这生意的垄断性比较强，所以一般价格都很高。你要是钱不够，根本渡不了河。讲个例子给你听吧。元和年间有个进士叫作周匡物，是福建人。他家境贫寒，为了去长安参加科举考试，徒步走了几千里。途经钱塘江，需要过江。船家因为他没有钱，不准他上船。周匡物十分悲哀，在公馆里提笔写下这样一首诗《应举题钱塘公馆》：“万里茫茫天堑遥，秦皇底事不安桥。钱塘江口无钱过，又阻西陵两信潮。”钱塘的地方官员看见这首诗，责罚了负责渡口的官吏，并且让周匡物免费渡江。周匡物顺利到达长安，一举考中了进士。这件事情之后，周匡物的这首《应举题钱塘公馆》也火了一把，很多船夫都会背诵，还因此形成了一个传统，那就是船家免费送应考的读书人过河。这不由得让人想起，如今每逢高考时节，会有很多免费送考生去高考考场的出租车，难道是从唐朝就沿袭下来的传统吗？

第3章

有床你就睡，在路上哪有那么多讲究 | 驿馆与旅店

假如你是个邮差，或者大小是个官员，或者是个有身份的士人，那你出门在外的时候就可以在驿馆休息。在唐朝呢，驿馆的数量非常多，可以说遍布全国，一般三十里就有一个驿。根据记载："自华而北界于栎阳，其驿六，其蔽曰同州，其关曰蒲津；自灞而南至于蓝田，其驿六，其蔽曰商州，其关曰武关；自长安至于邠，其驿十有一，其蔽曰洋州，其关曰华阳；自武功而西至于好田寺，其驿三，其蔽曰凤翔府，其关曰陇关；自谓而北至于华原，其驿九，其蔽曰坊州；自咸阳而西至于奉天，其驿六，其蔽曰邠州。由四海之内，总而合之，以至于关；自关之内，束而会之，以至于王都。"历代的驿有以下几个特点：①官办、官管、官用，是历代政府机构的组成部分；②以"传命"为主旨，融通信、交通、馆舍三位于一体；③以人力或人力与畜力相结合的方式，接力传递，逐程更替。总体来说，国内的驿路干线以东、西两京为轴线，向四面八方辐射。因此驿馆根据其重要程度，分为不同的规格。其中规格最高的当然是两京之地的驿馆，被称为都亭驿。剩下的驿馆分为六个不同的级别，规格和设施都有所区别。

你到了驿馆，可不要到处乱钻，让人觉得你是个没有出过门住过驿馆的土包子。为了保险起见，还是要事先了解一下驿馆的建筑格局。

驿馆也分为前后院落，前院的主要建筑为堂，堂前为前院入口，左右为两厢。前院是办理接待、通信、运输等事务的场所，也就是办理公务的地方；

后院是宾客下榻之处，也就是你住的地方啦。后院的主要建筑是上厅，周围环绕着别厅。院落也是廊院式的布局，下雨天在院落间行走都不用打伞，因为廊子环绕了整个客馆。

除了给客人住的屋子以外，驿馆中自己的工作人员也有专门的房间。通常一座规模尚可的驿馆里，有工作人员几十个到几百个人，这些人通常被叫作“驿丁”“驿子”“驿夫”等等。他们有集中居住的地方。居住的院落一般在大门附近，方便随时出差。大门旁边除了驿夫们居住的地方，还有马厩。把马厩设置在大门旁边的目的也是为了方便马匹进出。驿馆里的马叫作“驿马”，别看它们是马，可还有国家编制呢！它们吃的草料都是由国家统一供应的，也就是说，吃的是公粮。那么这驿马有什么特征呢？要是在路上丢了该怎么找呢？不用担心这个问题，驿马是很好识别的，因为它们的左前大腿上印着驿馆的名字，脖子上还印着所属的州的名字，一目了然。马厩的旁边呢，通常是堆积转运物资的仓库，因为装货卸货很是麻烦，就将仓库就近设立在马厩旁，离大门也不远，可以节省一些工夫。这安排还是很合理的。

而驿馆的负责人呢，也就是驿丞、驿长或者馆驿使，他们有自己专门的 VIP 住房，是不跟一般的驿夫住在一起的。说是 VIP，其实也不是很恰当，因为驿丞这样的小官的住所，能高档到哪里去？只是比驿夫们好些，有自己独立的空间罢了。

驿馆的许多建筑里，有一个你一定很感兴趣，那就是厨房。厨房一般被安排在后院的旁边，和粮食库靠着。之所以安排在后院附近呢，是因为离宾客近，上菜上饭的比较方便。你待在房间里就能闻到饭菜的香味。此外，还有酒库、茶库等等，甚至还有咸菜库！

有些驿馆比较讲究，还会在后院的后面修建一个游苑，里面有花草，有水池，风景优美，是专门供宾客游玩观赏的地方。你可以在这游苑里喂喂鱼，赏赏花，解除一路的劳碌。看来这驿馆还是挺以人为本的嘛！在后院和游苑之间，还建有一所驿楼。你可以爬上去极目远眺，看看周围的景致，看看远方的路途，把栏杆拍遍。到了晚上呢，你也可以和在驿馆认识的旅人一起爬上来，一起看星星看月亮，聊聊人生聊聊理想。说不定还能遇上一两知己呢！

不过驿馆也算是人员杂乱，天南地北的人都会在这里相遇，有时候，也会有些问题出现。你可能要问了，住个店能有什么问题啊？难不成还要因为争夺房间打起来不成？哎呀，郎君你真是神机妙算，居然一语言中了！这事儿啊，还真有呢。

这个事件的主人公之一呢，还是个名人，那就是大诗人元稹。话说这元稹从东都洛阳去西京长安，途中歇脚在敷水驿的高间里，这高间就相当于驿馆里的总统套房了。元稹能住进去，想来面子还挺大呢。可是咱们的元大诗人已经躺下睡觉了，却突然进来了一个人。这可真够惊悚的，难道是遭贼了？来人也是一个下榻在这个驿馆的行客，还是个宦官，也就是我们所说的太监。这个太监看上他的房间了。这太监品级跟元稹差不多，架子倒不小，非要把元稹赶走，自己住这个总统套房。元稹睡觉睡得好好的，莫名其妙地发现有人闯入，还要把他赶走，自然是不愿意。宦官执意要住，元稹坚决不让。这样僵持下去，天都要亮了，两人都住不成了。于是他们选择了“国际惯例”——武力解决。这一打的结果不言而喻，诗人的手是写字的，打架可不擅长。当然，自幼习武，出来闯江湖都随身佩着剑的李白除外。反正结果就是元稹被宦官的随从用鞭子打了一顿。元稹实在是气不过，驿馆也不住了，连夜赶回了长安向皇帝告御状。这件事的结果也跟事件本身一样，简直是难以理喻。元稹作为受害者，居然因为这件事情被贬职了！也不知道皇帝是怎么想的。唉，不过由此也能看出，那个太监在皇帝面前还是很得宠的，这样公然的偏袒和包庇，真是苦了我们的大诗人了。这个太监是谁呢？就是唐朝的大奸臣仇士良啦！

所以啊，有了这个教训，郎君你要是睡得好好的被人叫起来换房间，还是乖乖地换吧。

要是你身份地位不是很高，没有资格住驿馆，那也不会露宿街头、以天为庐地为盖的。因为除了政府开设的驿馆，还有各种旅馆遍布在路上呢。这些旅馆有官办的，有私营的，甚至还有寺院开设的呢。所以啊，你放心地赶路吧，歇脚的地方不会少的。

官办的旅馆呢，虽然入住要求比驿馆要低多了，但是也不是普通庶民可以住进去的。大小你得是个官，才可以入住。进京赶考的举子也是可以住的。不过这种官办的旅馆是不提供交通工具的。

私营的旅店对于居住者的身份就没什么限制了，有钱就行。

由于受到坊市制度的影响，私营旅店的经营者不能临街开店，大多把店开在各个坊或市里。旅店除了开在城市里，也开设在大路两旁。这种开在大路旁边的旅馆，通常在驿馆附近。这样的地理选择是有一定道理的，比如，一行人中可能会有身份、等级的不同，官员住驿馆，家属或者随从就可以住在旁边的旅馆里。这也算是一种捆绑营销吧。

这种商业性的私营旅店为了赚钱，还提供一些额外的服务。比如很多旅馆里是提供饭菜的，旅客可以不用出门就吃到饭。有的旅馆还提供交通工具，通常来说是驴，供客人付费使用。甚至有的旅店的房间里还有各种赌具，旅客可以在房间里赌博消遣。杜甫还在旅馆里赌博过呢！他的《今夕行》里这样写道："今夕何夕岁云徂，更长烛明不可孤。咸阳客舍一事无，相与博塞为欢娱。"还有更高级的呢，有的旅馆简直够得上"五星级"了，因为，它们有秘密武器——温泉！没错，唐朝就有温泉旅馆了，这在当时叫作"温汤旅社"，"汤"可不是我们现在饭桌上喝的汤，汤在古代是热水的意思。这么高档的旅社肯定很受有钱人的欢迎。

要是你囊中羞涩，也不用担心要睡大街。趁着天还没黑去找个寺院吧。寺院的旅舍也分两种，一种是营利性质的，还有一种是慈善性质的，可以免费留宿客人。囊中羞涩的你要找就找这种免费的旅舍吧。

唐朝时期的寺院是非常多的，这也跟统治者尊崇佛教有莫大的关系。有些有名的诗人题诗在寺院的墙上，还为寺院增添了人气呢，吸引了很多粉丝前来。你要是文笔还不错，也可以试试看哪，给寺院增添些香火，也算是对免费留宿你的报答了。

第4章

收好这首诗，想我的时候拿出来看看 | 文人的送别

郎君在唐朝，结识了几个文艺青年，厮混了一段时间呢，感情已经很深了。这时候，你们中有人突然有事，必须远行。远行的原因呢，大概就是受任远调，或者父母病笃，或者回家娶妻什么的，反正就是非走不可了。你们一行人总要送送人家吧。这山高水远的，交通工具又那么原始，又没有电话没有视频，此去一别，不知道猴年马月才能见面呢。好好送别是一定要的。

那么该怎么送别呢？首先，酒是一定要喝的。酒是个好东西，浓浓的离愁别绪沾上了一抹酒香，很好地给了大家一个抒发情感的方式。大家可以借着酒意肆意大哭大笑，免去了尴尬。

光喝酒还不行，还得送点纪念品给将要远行的友人做个纪念吧。送个什么呢？玉佩、扇子这类的小物件是不错的选择，书法字画也挺好的。你要是手头宽裕得很，送黄金白银也未尝不可。我给你推荐一个特别的礼物吧，收到礼物的人肯定特喜欢。你可以写诗送给他呀！

唐朝最有名的就是诗，你来了唐朝也有些日子了，也听了很多这帮朋友的唱和之作。而且小时候也没少背，正所谓“熟读唐诗三百首，不会作诗也会吟”，所以，上吧！

如果酒还没喝完，大家都还在饭桌上坐着，那你可以端起一杯酒敬要走的友人，说一句：“劝君更尽一杯酒，西出阳关无故人。”

你这么一吟，你的朋友一饮而尽后肯定要抓着你的手泪流满面了。旁边的友人提议了，要不咱写下来吧，再签个名，给朋友带上。这样一来，你就要亮出你那水平不济的毛笔字了。不过这时候，字写得好不好看已经不重要了，重要的是你的情意已经跃然纸上了。

好了，这是在酒桌上作送别诗的情况。那如果你吃饭喝酒的时候没想起来，到了友人临上路的时候才想起来作诗，那该怎么写呢？

抓耳挠腮就能想出来了吗？还是先看看别人是怎么写的吧。看看李颀的《送魏万之京》吧："朝闻游子唱离歌，昨夜微霜初渡河。鸿雁不堪愁里听，云山况是客中过。关城树色催寒近，御苑砧声向晚多。莫见长安行乐处，空令岁月易蹉跎。"这首诗很熟悉吧？要写成这样可不是你的目标，估计你还得在唐朝待好多年，读很多书才能写出这样的诗来。

我让你看这首诗呢，是想让你注意到李颀送魏万的时间。"朝闻游子唱离歌"，表明送别的时间是清晨。古代把送别的时间定在早上呢，大概是因为一早赶路，可以在这一天天黑前走更多的路，而且有"一日之计在于晨"的说法，可能也借此祝愿远行的人可以在一天伊始开始新的旅程，追寻新的未来吧。你可以抓住清晨送别这个特点来写诗。

还有一种比较常见的情况呢，是傍晚的时候送别。你可以看看高适的这首《别董大》："千里黄云白日曛，北风吹雁雪纷纷。莫愁前路无知己，天下谁人不识君？"黄昏送别，似乎走不了多远就天黑了啊，可能是十分着急的赶路人才会选择黄昏出发吧。不过黄昏时候送别，看着渐渐西沉的夕阳，就仿佛看到渐渐远去的相伴岁月，夕阳下的那个孤独远去的身影，真是让人不禁怆然泪下了。

送别时间你已经了解了，接下来再跟你说一下送别的地点，你要写诗也可以把地点嵌进去。唐朝文人们送别的地点呢，大多在渡口或者长亭。为什么不在大路上呢？这是因为唐朝虽然盛行骑马，但是马只有大户人家才买得起，一般的老百姓和贫寒的士人是买不起的。你可以说："买不起马，可以骑驴嘛！"关于这个，我还得好好跟你说说。首先呢，驴的体力和脾气都不太好，要是把人从驴背上摔下来，那可要受伤误事了。第二点呢，是跟中国人从古到今都很看重的东西有关，这个东西呢，就是“面子”。骑驴在唐朝人看来，是件不雅的事情。尤其是文化人，更不愿意骑驴，李白还写过这样的诗句：“骅骝拳跼不能食，蹇驴得志鸣春风。”同为唐朝人的柳宗元还写了《黔之驴》来用驴的形象暗贬那些外强中干的人。可见，驴在唐朝文人中是不太受宠的，大家都不太愿意乘坐。

既然骑不起马，又不想骑驴，那，总不能骑牛吧？前面说过有些文人还是很愿意骑牛的，但是牛毕竟不适用于长途跋涉。在田里慢慢耕地，偶尔驮着文人在阡陌间慢慢欣赏田园风光才是牛的职责。让它去载着你跋涉千里，那简直是在开玩笑啊！

陆路上的工具算是排除了，这样一来，陆路赶路就只能靠走路了。但是，文人们真的都是竞走高手吗？当然不是，陆路不通，自有水路。所以文人才经常在水边送别呀。

于是你可以参考李白的《送孟浩然之广陵》：“故人西辞黄鹤楼，烟花三月下扬州。孤帆远影碧空尽，唯见长江天际流。”你可以把“黄鹤楼”和“扬州”分别换成你们此次送别的出发地和目的地。

水边送别的时候，你还可以折下岸边的柳枝送给即将远行的友人，古代折柳送别的习惯是早就有的。因为“柳”谐音“留”，可以借以表达对离人的依依不舍之情。

该说的都说了，接下来的时间里，好好跟你的朋友告别吧！

第八篇

科举毁一生，落榜穷三代

十年寒窗有多苦，所有唐朝书生都深有体会。金榜题名是他们从小就认定的终极理想，为了实现这个理想，头悬梁，锥刺股，一不留神，就在书桌前从垂髫坐到了白发。可科举是万人过独木桥，又有多少人能渡过无边学海，成为令人羡慕的新科举人、状元呢？而那些没有被命运选中的人，又该何去何从呢？

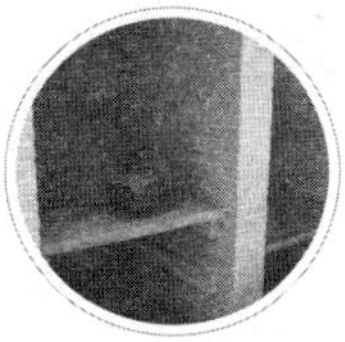

第1章

状元第一步，上个好学校 | 学校与教育

你穿越到唐朝返老还童成了个小孩子，我不知道该替你高兴还是替你难过。替你高兴是因为你可以不用为工作烦恼，没有买房买马的压力。而替你难过呢，是因为，孩子，十年寒窗在等着你啊！

不管在古代还是现代，大家都普遍认为“万般皆下品，唯有读书高”，现代社会的这种观念要稍微淡泊一些，在唐朝，人们的这种以读书为高的观念更加强烈。究其根源，大概是“学而优则仕”的科举制度的影响。不过也不是所有人都有资格读书参加科举的。在唐朝，人民被分为“士农工商”四个阶层。这其中，只有士与农的子弟允许参加科举考试，其他阶层的人都不许做官。另外，品行不好、臭名昭著的人，犯了大逆不道之罪的人及其直系亲属也都不能入仕。当然，女子也是不能参加科举的。

你的父母把你带去了乡里的学校，这就是当时的小学了。家长嘱托了你几句“好好读书，天天向上”之类的话，就把你留在这，自己回家了。

这乡里的学校你可以叫它“乡校”，一般都设置在乡野间。这乡校的老师呢，通常叫作塾师，地位是比较低的，收入也十分低，有的甚至需要轮流去学生家里蹭饭维持生计，还要被那些大官或者得意的士人所瞧不起，被称为“乡校俚儒”。

你的老师会教你些什么呢？别担心，不会一上来就让你吟诗作对的，字还没认多少呢！你的老师先会教你和你的小同窗们读《论语》《孝经》《千字文》，有时也会教你们《兔园册》。

读《论语》和《孝经》的目的呢，一是带你们认字，二来也给你们灌输一些“忠孝”的观念。《千字文》的内容囊括了自然、社会、历史等等，又因为全是四言韵语，便于记诵，因此十分受乡校的欢迎，是当时的一本流行教材。

《兔园册》可不是一本兔子养殖手册。这是一本唐朝的科举初级读物，在搜集古人先贤的典故的基础上，用对偶的句式编写而成。这本书最大的特色是书里仿应科目策，自设问答，引用经史子集作为训注，所以说是唐朝的科举初级读物。而书名“兔园”呢，是用典故的结果，用汉代梁孝王的故事，目的是用来体现书中内容丰富多彩。

如果你是个身体弱的小孩，或者是个女孩子，那么一般是不送去学校的，就在家里给你授课，可以是请来家庭教师，也可以是父母或者其他家人亲友教你。毕竟小学时期识字明理是最重要的，有些文化的人都可以教。而唐朝没有上过小学、在家里接受教育后来成为文化人的也有很多例子，比如大诗人元稹，八岁丧父，由母亲郑夫人“为稹自授书，教之书学”。元稹也十分争气，十三岁就能略通经义，善于吟咏，人称“神童”。还有李绅，六岁丧父，母亲卢氏也亲自教导他读书写字。同样的例子还有杨收，他在七岁的时候父亲去世，也是由母亲长孙夫人教育的。

等你大一点了，就可以去等级高一点的学府了。唐朝是十分重视教育的，因此在各个地方的府、州、县都设立有不同规格的学校。如果你在京城附近呢，就可以去上京城附近的学校了。不过这些学校虽然既招收官员的子弟又招收庶民，但是京城的达官贵人很多，而招生又是有人数限制的，所以你要在京城上学还是有些麻烦的。实在不行就去别的地方上学吧。那么各个地方的学校到底招多少人呢？具体的招生指标是这样的：京城的府学生八十人，大、中都督府，上州各六十人，下都督府、中州各五十人，下州四十人，京县五十人，上县四十人，中县、中下县各三十五人，下县二十人。所有的这些学校都设有教授和助教来教学生，所教的内容以经学为主。但是地方学校由于师资力量和硬件条件等的限制，教学水平仅能处于中等水平。我知道你一定想问了，高等学府在哪里呢？

当然是在京城啦。

唐朝的高等学校也是中央学校，是隶属于国子监的六所学校，这国子监呢，是唐朝掌管教育的最高行政机关。这六所学校分别是国子学、太学、四门学、律学、书学、算学。

下面我来一一给你介绍一下这些学校，虽然你没进去上学，但是也可以了解一些以备作为以后跟人吹牛时的谈资。

先来说说国子学吧。国子学是这六所学校中的龙头老大，它的规格最高，入学对象的身份要求也最高，只有三品以上官员的子孙、二品以上官员的曾孙以及京官四品带三品勋封之子，才有资格进入国子学学习。而且，只招收三百名学生。所以啊，想上国子学，必须投个好胎。

太学的地位也很高，仅次于国子学。同样，对入学者也有着严格的身份等级要求。具体要求为五品以上文武官的子孙、郡县公子孙、从三品曾孙以及勋官三品以上有封之子。学生人数限制为五百人，属于中级官僚子弟学校。

接下来说说四门学，这四门学可不是教授四门科目的学校哦，仅仅是个名称而已。这四门学的地位又比太学低一点。四门学的招生名额比前面的两个学校多得多了。具体的入学对象分为两类：第一类是七品以上文武官的子孙，勋官三品以上无封、四品有封之子，这一类招生人数是五百人。还有一类是庶民中的优秀者，这一类学生的人数是八百人。看来你要是好好读书的话还是很有可能进去学习的。而且四门学中的学生如果有特别优秀的，能通三经、俊士通三经已及第而且愿意继续深造，可以升入太学，甚至最终升至国子学。

以上三所学校是唐朝水平最高的三所学校，它们的教学内容有哪些呢？当然是儒家经典啦。这儒家经典也要分成三类，分别是大经、中经、小经。大经有《礼记》和《春秋左氏传》；中经有《诗》《周礼》《仪礼》；小经有《易》《尚书》《春秋公羊传》《春秋谷梁传》。而对学生学习成绩的评判标准呢，就是看学生对这些经的掌握程度了。学历最高的是通晓五经，也就是要通晓两个大经，还要通中经、小经各一门，然后还要加上《论语》和《孝经》两门。通晓了这些才算是取得了最高的学历。稍次一些的，是通晓三经，也就是大经、中经、小经各通一门。再次一点的，需要通晓两经，这其中还分为两种，一种是分别通一门大经和一门中经，还有一种是通两门中经。学生可以根据自己的情况任意选择一种。

每种教材都有学习年限，不是你抓本书就可以一啃三五年的。《孝经》和《论语》的年限加起来是一年，也就是说，一年时间你得把这两本书学习完。大经中的两本书每本的年限是三年，中经是两年，小经中除了《易》以外的年限都是一年半。而小经中的《易》由于比较难学，所以年限与中经一样，为一年半。十年寒窗，就是这么慢慢累积起来的啊！

考试不仅仅是现代学生的噩梦，同样也是唐朝学子的噩梦。你以为在唐朝上学就不要期末考试了？少年，你太天真了！每年的年末，这些学校会举行一次大考，平日里的小考也是少不了的。这大考还要分笔试和口试。笔试就是出题给你写，没什么好说的。口试的内容是经义十条，通八条为上等；通六条者为中等，也就是及格啦，可以松口气了，勉强过关；通五条以下为下等，也就是不及格了。不及格就悲剧了，你还得继续学习这些没及格的课程，直到及格了为止。

除了上面所说的国子学、太学、四门学，还有三所学校也是归国子监管的国家高等学府，它们分别是书学、算学和律学。

这三所学校的专业性比较强，性质上大概相当于现在的专科学校，是教授专门的技能的。招生对象是八品以下官员的子孙及庶人子弟。

书学是主要学习书法的学校，每天的主要课程是写字练字，学习石经三体（即古文、篆、隶），还有专门的作业。其他的时间还得用来加强文化修养，读一些《国语》《尔雅》《说文》《字林》之类的书。这些科目的学习也是有年限的，石经三体的学习年限是三年，《说文》学两年，《字林》学一年。而且书学的学生人数很少，只有三十人。学生的录取年龄是十四至十九岁。

算学是有理科教学内容的学校，也只有三十个学生，录取年龄也是十四至十九岁，学习的是《五经算》《九章》《三等数》等数学教科书，同时也学习《孙子》之类的文科教科书。每本书的学习年限一年至四年不等。

律学是专门研究现行法律的学校，招生人数是五十人，学生的年龄限制在十八至二十五岁之间，是为国家培养法律人才的学校。

除了上面所说的由国子监管理的六学以外，中央禁廷设立的二馆也是中央高等学府。二馆是门下省的弘文馆和东宫的崇文馆的合称。

弘文馆最初的名字叫修文馆，后来改称弘文馆。馆中收藏着皇家的精品图书，是真正的贵族学校，学生都是皇亲国戚或者是高官的子弟。招生人数是三十人。

崇文馆原名叫作崇贤馆，地点在东宫里面。后来因为要避太子李贤的讳，就改叫崇文馆了。这崇文馆招生指标是二十人，而且这些人是来陪侍太子读书的。

关于学校和教育你已经了解了一个大概，接下来，悬梁刺股去吧。

第 2 章

求谒都不会，还想当官？|士人求谒

唐朝的读书人可不是为了陶冶情操而读书的，当然这种情况也有，不过不是主流。唐朝人读书的目的常常有且只有一个——考中科举，光宗耀祖。

唐朝的科举考试有进士、明经、制举三类。其中进士的含金量最高，竞争最激烈，最受世人推崇。不过进士每年及第的人只有二三十个。进士科有多难考呢？这么说吧，唐朝最著名的那些诗人，没几个是状元。你肯定要反驳了，王维不是状元么！是，王维是状元没错，可是他除了自身有才华之外，还得靠着先跟公主处好关系，得到公主的赏识和举荐才能成为状元。那么要在这么多竞争对手中脱颖而出还是很困难的，除了真才实学，还需要一些额外的方法，那就是得到一些位高权重者的举荐。

由于唐代科举制并不是十分完善、唐代统治者取士标准和用人观念的多变等原因，荐举始终是科举的重要补充，使唐代科举带有明显的荐举色彩。这样一来，就形成了一种举子向名流显贵们求谒的风气。求谒也叫干谒，是文人奔走社会明贤，希望自己的才学受到赏识，从而得到举荐。

你要是和别的赶考的书生一起在京城等待考试，别在旅馆里临阵磨枪了，快跟着一起去求谒吧。

求谒的时间一般是科举考试前的两三个月，也就是每年的九、十月就开始了。

是不是每个求谒的人都带着一卷或者几卷自己写的诗文？对了，人家那才是正确的做法，叫作行卷。也就是应试的举子把自己的得意之作写成卷轴，拿去给一些位高权重能在科举中说上话的人看，以期得到赏识。这在唐朝不算作弊行为。唐朝的科举考试的试卷在批阅的时候并不密封，试卷上写着谁的名字，考官一眼就能看到。应试者的知名度以及与考官的关系也是一个考量标准。所以举子为了得到考官的青睐，通常会选择在考试前和一些权贵接洽，让自己的才华得到认可，从而使考官也知道他们的名字，得到加分，从而一举中榜。

如果你是初次行卷呢，那你就需要准备两样东西：第一个是一封介绍信，向对方介绍一下自己，让对方对你有个大概的了解。当然，言辞要谦虚一点，不要把自己吹捧到天上，让人家前辈觉得你自大没礼貌。

第二个需要准备的东西就是你的作品了。通常是你自己写的诗文。数量也是有讲究的，不能太多，也不能太少。通常文章十篇至二十篇、诗歌五十首到一百首为宜。

知道了这两个行卷必备的东西，你可以回去准备准备了。给你个成功的例子看看吧，白居易的《与陈给事书》：

正月日，乡贡进士白居易谨遣家僮奉书献于给事阁下：伏以给事门屏闲请谒者如林，献书者如云，多则多矣，然听其辞一也，观其意一意也。何者？率不过有望于吹嘘剪拂耳。居易则不然，今所以不请谒而奉书者，但欲贡所诚、质所疑而已，非如众士有求于吹嘘剪拂者，给事独不得为之少留意乎？大凡自号为进士者，无贤不肖皆欲求一第成一名，非居易之独慕耳。既慕之，所以切不自揆，尝勤苦学文，迨今十年，始获一贡。每见进士之中，有一举而中第者，则欲勉狂简而进焉；又见有十举而不第者，则欲引驽钝而退焉。进退之宜，固昭昭矣，而遇者自惑于趣舍，何哉？夫蕴奇挺之才，亦不自保其必胜，而一上得第者，非他也，是主司之明也；抱琐细之才，亦不自知其妄动，而十上下第者，亦非他也，是主司之明也。岂非知人易而自知难耶？伏以给事天下文宗，当代精鉴，故不揆浅陋，敢布腹心。居易鄙人也，上无朝廷附丽之援，次无乡曲吹嘘之誉，然则孰为而来哉？盖所仗者文章耳，所望者主司至公耳。今礼部高侍郎为主司，则至公矣，而居易之文章，可进也，可退也，窃不自知之，欲以进退之疑取决于给事，给事其能舍之乎？居易闻神蓍灵龟者无常心，苟叩之者不以诚则已，若以诚叩之，必以信告之，无贵贱无大小而不之应也。今给事鉴如水镜，言为蓍龟，邦家大事，咸取决于给事，岂独遗其微小乎？谨献杂文二十首，诗一百首，伏愿俯察悃诚，不遗贱小，退公之暇，赐精鉴之一加焉。可与进也，乞诸一言，小子则磨铅策蹇骋力于进取矣；不可进也，亦乞诸一言，小子则息机敛迹甘心于退藏矣。进退之心，交争于胸中者有日矣，幸一言以蔽之，旬日之间，敢伫报命。尘秽听览，若夺气褫魄之为者，不宣。居易谨再拜。

看明白没？人家这信写的，不卑不亢，言辞恳切而不谄媚。主要意思是这样的：每个考生都想要进士及第，然而有的人考一次就高中了，有的人考了十次还考不上。这其中的原因不是别的，是当局者迷的缘故。主考官还是很公平的。而我呢，现在就是个当局者。所以我也不知道我能不能考上，先生您是文坛前辈，眼力自然是不一般。我初来乍到，在京城没什么人际关系，所以就麻烦先生帮我看看。这里有我写的诗文，一共有二十篇文章和一百首诗歌。您要是有空就请麻烦看看指点一下。如果觉得我的文章还行，就请告知我一下，我可以好好准备，在考场上一展文笔；要是觉得我写得不好，麻烦您也告知我一下，我就回去收拾收拾准备离京走人了。

相似的例子还有杜甫。杜甫到了四十多岁，都没有考中科举。走投无路之下，只好向“延恩匦”里投递文章。“延恩匦”是个什么东西呢？这就要追溯到武则天时期了。武皇执政的时候发明了一种名叫“匦”的东西。其实就是一个四方形的盒子，四面漆以不同的颜色，东面叫延恩匦，南面叫招谏匦，西面叫伸冤匦，北面叫通玄匦。其中延恩匦就是专门为怀才不遇有意求进者所设，“怀才抱器，希于闻达者投之”。天宝十年（751 年）正月，朝廷要行三大礼，在太清宫、太庙、南郊举行祭祀活动。杜甫利用这个机会，写了关于三大礼的赋投入延恩匦，也就是《朝献太清宫赋》《朝享太庙赋》和《有事于南郊赋》。杜甫也因此获得了参加集贤院考试的机会。杜甫一开心，还作了一首诗来纪念这件事，其中说道：“忆献三赋蓬莱宫，自怪一日声辉赫。集贤学士如堵墙，观我落笔中书堂。”

第3章

落榜了？别沮丧，有人连续落榜六十多年呢！|科举考试

你到了长安之后，别光顾着到处求谒行卷，而把报名忘了。抓紧时间去户部或者礼部（前期报名在户部，后期挪到了礼部）报名吧。

报名的时候你先要签名，然后要交上必备的文件和证书，具体是文解、家状和结保文书。文解是州府的推荐证书，也就是州府统一给应试举子发的介绍信，证明这个人在我们那里还不赖，可以来参加科举考试。

家状相当于我们今天所说的报名表了，需要你填写你的籍贯、三代名讳（也就是你和你爹，还有你爷爷的名字）、体貌特征。体貌特征这一项你应该觉得挺新鲜的。唐朝没有照相技术，没法确定你的长相，为了防止替考，考生需要把自己的体貌特征写在报名表，也就是家状上。正确的写法是要描述出你是高是矮，是胖是瘦，是白是黑，头发什么样子，眼睛什么样子，鼻子什么样子，嘴什么样子，脸上有没有痣或者胎记或者青春痘，如果有的话长在什么位置等等。总之要让人一看就知道是你。

到了唐朝后期，家状的内容又加了两条，即是否有过做官经历，如果有的话做的是什么官。还有一条是是否从前用过别的名字，如果有的话是什么。

家状说完了，下面来说说结保文书。这结保文书是举子们的道德保证书，也就是相当于现在的“政审”。要有人给你担保你的家状全是真实的，没有虚假信息。结保文书有两种形式。一种是官员给你担保，如果你有幸认识个当官的，那你可以让他给你担保。这种担保叫作“通保”。那要是你不认识官员呢？那让谁来担保呢？这就是我们说的第二种情况，由三名与你一同应试的举子担保。身份贫寒、没有门路的举子们可以结伴互保。不过这担保人自己得没有道德问题。而且替人担保还有一定的风险。万一出事了，官员得受到降职的处罚，严重时甚至要被革职。而一旦出事，给人担保的举子呢，则要被取消科举考试的资格三年。还是很严格的。

结保文书上还有很重要的一条要写，那就是举子在京城的住所。外地来京的举子需要写明自己所住的旅馆的地址。一旦考上了，喜报立刻就送到了举子的住所，要是你不写地址或者写错了，那可就失去了接到喜报那一刻的嘚瑟了。

报完名之后，就开始忐忑地等待考试那天的到来了，估计那些举子的心情跟我们今天即将高考的高三考生是一样一样的。焦灼的等待之后，终于到了考试那一天。举子们五点多就得到达考场，天似乎都没亮。这可不是我瞎猜的，有诗为证，白居易的《早送举人入试》："夙驾送举人，东方犹未明。自谓出太早，已有车马行。骑火高低影，街鼓参差声。可怜早朝者，相看意气生。日出尘埃飞，群动互营营。营营各何求，无非利与名。而我常晏起，虚住长安城。春深官又满，日有归山情。"看来白居易跟这位举子的关系还挺好的，肯起个大早用马车送他去考场，天都没亮呢。

到达考场之后呢，要开始对举子进行入场检查了。根据一些参加过科举的文人的记述，那些对考生进行考前检查的工作人员有很多都是态度蛮横，动不动就大声呼叫举子的姓名甚至横加斥责，还要严格翻检举子们携带的东西。那些举子大都是手无缚鸡之力的书生，平日里只知道读书，哪里受过这样的搜查和呵斥，再加上本来临考就紧张，所以肯定有人会发脾气，严重的当场就走人了。你别不相信，真有这样的人呢。杜牧的《唐故平卢军节度巡官陇西李府君墓志铭》里就写了这样的一个人："大和元年举进士及第，乡贡上都，有司试于东都，在二都群进士中，往往有言前十五年有进士李飞自江西来，貌古文高。始就礼部试赋，吏大呼其姓名，熟视符验，然后入。飞曰：'如是选贤耶？即求贡，如是自以为贤耶？'因袖手不出，明日径返江东。

某曰：‘诚有是人，吾辈不可得与为伍矣。’后二年，事故吏部沈公于钟陵、宣城为幕吏，两府凡五年间，同舍生兰陵萧寘、京兆韩乂、博陵崔寿，每品量人之等第，必曰：‘有道有学有文，如李处士戡者寡矣，是卑进士不举尝名飞者。’某益恨未面其人，且喜其人之在世也。”这个名叫李飞的江西人还真是有骨气，也算是凭借这个扬名于后世了。

经过严格的搜身之后，就可以进考场考试了。关于考试的科目呢，是这样安排的。初唐的时候是只考策试。到了中宗时期，又增加了贴经和杂文。这杂文可跟我们今天说的杂文不一样，唐朝的杂文是诗赋的意思。到了中唐以后，科举考试中各科目的顺序依次是：第一场考杂文，需作一诗一赋；第二场是考贴经；最后一场考策文。

考试时有专人点燃三根蜡烛，在每根蜡烛即将燃尽时提醒各位举子抓紧时间，这跟我们现代考场上考官每隔一段时间提醒考生时间是一样的。考试的时间是一个白天加半个夜晚。具体时间是从早晨开始，一直到晚上点完三根蜡烛结束。考生在这么长的时间里完成这人生中最重大的考试，还是十分艰苦的。吃饭、如厕等都得在考场的小间里完成。不过能答考卷已经是很幸福的事情了，因为有的倒霉蛋虽然进到了考场，也看到了考卷，可是却不能答题，也算是人生一大悲剧。不过这是为什么呢？一般是遇到了以下这两种情况：第一是打开试卷一看，蒙了，这试题里有自己想要避讳的字！在本书的第一章就跟你说了避讳的重要性，想必你应该明白了。这怨不得出题的考官，人家也不知道你叫这名呀！而且你说怎么好巧不巧你就刚好撞上了枪口呢？快收拾收拾东西出考场吧，再写下去就违法了。这考场也不是你想走就走的，你还得忍住悲伤的情绪写个申请，申请的统一格式是这样的：“牒某，忽患心痛，请出试院将息。”这规定申请格式的人也真是善解人意，还知道举子“心痛”呢。不过要是有人心脏或其他地方不太好，在考场上犯起病来，那该怎么办？总不能不顾性命坚持答题吧？这样就算高中了，但是身体垮了，那也不是什么好事吧。在这个时候呢，你就得跟之前那个需要避讳的家伙一样，要写个申请，然后离开考场。申请的格式也是一模一样的，也是“牒某，忽患心痛，请出试院将息。”不管是什么原因离开考场，毕竟都游到龙门面前了，现在看着别的小鱼在为最后的一跃热身，自己却要返回，能不心痛吗？

不过这样的倒霉蛋毕竟是少数，大部分考场上的举子还是可以顺利答题的。熬过这一天加半个晚上，这些举子们就终于可以松一口气了。不过他们可不能像我们今天高考完毕的孩子们一样，把书撕成漫天飞舞的雪花。因为我们今天的高考只是人生中的道路之一，失败了可以再来一次，但大部分人是寻找新的出路。而古代的读书人可不一样，科举考试是他们一生荣辱的决定性因素。很多人一生的命运，都绑在科举考试上了。所以他们的松口气也只是相对于考试之前和考试时的紧张而言的，这口气可以一直松到放榜前。等到即将放榜的时候，他们的心又重新被提到嗓子眼了。

张贴榜单的地方在礼部南院的东墙上。到了放榜的那一天，榜前必定是人山人海，举子们和看热闹的人早早就把榜单围得水泄不通。看清了榜单的名字之后，那就几家欢喜几家愁了。有的人一举中榜，春风得意，多年的寒窗终于熬出来头，似锦前程仿佛在前方召唤他们。

然而每年更多的是落第的人，正所谓一将功成万骨枯。千军万马过独木桥的游戏在古代的科举考试中就已经在玩了。成功过了桥的自然是幸运者，而那些掉进水里的人，其实是很可怜的。

我们都知道，能进京参加科举考试的，都是有学问的，虽然不绝对，但是大部分都是当地的人才，家人朋友也都应该对他们寄予厚望。而他们自己也是十年寒窗熬过来的，好不容易有机会证明自己，却失手了，心里的落寞不言而喻。而且中国古代有句话叫作“百无一用是书生”，在封建社会这句话也是得到了很多人的验证的。读书人如果考不上科举，家里又没有什么门路，生活是很不容易的。各种小说故事里的落魄秀才，也深刻地验证了这句话。且看唐朝诗人姚合的这首诗：“士有经世筹，自无活身策。求食道路间，劳困甚徒役。我身与子同，日被饥寒迫。侧望卿相门，难入坚如石。为农昧耕耘，作商迷贸易。空把书卷行，投人买罪责。六月南风多，苦旱土色赤。坐家心尚焦，况乃远作客。羸马出郭门，饯饮晓连夕。愿君似醉肠，莫谩生忧戚。”

士子落第后，满腹“经世筹”无处销售，无法用它换来维持生计的钱和食粮。而这些读书人除了满腹的“经世筹”之外，就没有其他维持生计的技能。他们“为农昧耕耘，作商迷贸易”，而且面对“六月南风多，苦旱土色赤”，这些读书人做农民不懂得耕种，做商人不懂得贸易买卖，只能陷入“日被饥寒迫”的窘境，可见落第之后的士人的生活是很悲催的，当然那些家财万贯的富家子弟或者官家子弟除外。

那么，要是你万一落榜了，那该怎么办呢？其实啊，一次就考中的人还是不多的，大多数人都需要考好多次才能及第呢。不信的话看看孟郊的例子吧。孟郊在四十六岁金榜题名时写下这样一首诗：“昔日龌龊不足夸，今朝放荡思无涯。春风得意马蹄疾，一日看尽长安花。”孟郊家境贫寒，多次赴京应试，皆落榜而归。从浙江武康到长安，有几千里之遥，可现在却在四十六岁的时候居然金榜题名了。诗人按捺不住得意欣喜之情：过去的穷困潦倒和局促不安不值得一提了，如今蟾宫折桂，郁结的闷气已如风吹云散，心里真有说不尽的畅快；在春风中，诗人策马奔驰于春花烂漫的长安道上，一日之间和同榜的进士们将长安花看尽。孟郊的这种真切感受，形象、生动地描绘出了新进士们的心态。诗一开篇就直抒自己的心情：“昔日龌龊不足夸，今朝放荡思无涯。”诗人多次进京赶考，皆无功而返，这次居然高中进士，颇出意料。诗人仿佛一下子从苦海中解脱出来，登上了欢乐的峰顶，眼前一片光明坦荡，似乎只待他四蹄生风了。“春风得意马蹄疾，一日看尽长安花”，栩栩如生地描绘出诗人神采飞扬的得意之态，淋漓尽致地抒发了他心花怒放的得意之情。按唐制，进士考试每年在秋季举行，发榜则在下一年的春天。此时的长安，正春风轻拂，杏花盛开，晴空万里。大唐皇帝要亲自在长安东南隅的风景胜地曲江池赐宴，之后新科进士要到慈恩寺塔题名留念，长安城真是万人空巷，百姓都汇聚于此来一睹新科进士们的风采。此时诗人身为其中一员，其心花怒放、春风得意之情，自然要喜形于色。因人山人海，诗人于长安道上策马奔驰，一日之内要将长安花看尽，似乎不妥，然而，联想一下诗人此时惬意、超爽之心情，这样的夸张自然在情理之中了。此外，诗句还具有象征意味："春风"既是自然界的春风，也是皇恩的象征；"得意"，既指心情上称心如意，也指进士及第之事。诗句思想艺术容量较大，明朗畅达而又别有情韵。

这个孟郊也算是个励志的榜样了，考了很多次，在将近半百时终于金榜题名，这来之不易的成功更加惹人感慨。

不过在唐朝科举考试的士人中，孟郊这样二十多年后才能考上的也算是幸运儿了，不管怎么说，自己多年的努力还是得到了回报。然而大部分人却没有这么幸运，有的人考了一辈子也考不上。这就是十分悲哀的事情了。在古代的科举考试中，大龄考生屡见不鲜，考了几十年的大有人在。有的人一生都在为科举奋斗，却至死都没有成功。

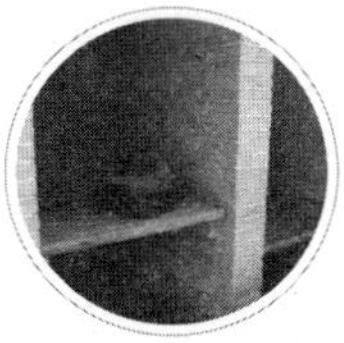

第4章

入世不成，出世一样能活得好好的 | 出世之风

你在唐朝没能考科举弄个大官当，十分不爽。不过能怎么办？你这样的文采在唐朝那些出口成章下笔成文的文人中间来说实在是不敢恭维，又没有个权贵是你亲戚，登第比登天还要难。既然入世做官不成，那咱就潇洒点，出世去吧！在唐朝，跟你有一样想法的人可真不少，你先看看有哪些，说不定日后可以一起交游呢。

先说个你熟悉的——王绩。有印象吗？就是之前在讲酒的那章里，提到的那个嗜酒如命的酒鬼。

这个人可谓是继承了魏晋风骨，一是嗜酒，二是隐逸。嗜酒的那部分我们已经说过了，下面来说说隐逸的部分。

王绩算是唐朝第一个追慕陶渊明的诗作的文人了，他生活的年代也比较早，生于隋文帝开皇十年（590年），死于唐太宗贞观十八年（644年），见证了朝代的更替。作为改朝换代之际的遗民诗人，动乱的时世无疑对他的思想和创作有着深远的影响，这可以从他的隐逸行迹和田园诗中找到答案。他一生三度入仕，又三度归隐，这三进三出也真是够传奇的。据吕才《东皋子集序》记载，隋大业中，王绩应孝廉，除秘书正字，后“不乐在朝”，乞署外职。大业十年（614年），托疾归龙门，唐武德五年（622年），诏征六合县丞，待诏门下省，贞观初罢归，贞观中，以家贫赴选，授太乐丞，不足一年挂冠而去。所以两《唐书》均将其列入《隐逸传》。唐朝有一些隋朝的旧臣参与了国家建设，比如虞世南、陈叔达以及北方儒士颜师古、孔颖达等人，但是王绩不一样，他基本上没有参与新朝的文化建设，究其原因，除了王绩个人比较高傲外，对官场尔虞我诈的反感也是一个原因。

说起王绩的家世呢，还是个贵族门第和书香门第，简直是让人嫉妒的出身。王绩有着“六代冠冕”的出身和“家富坟籍”的家学。他的三哥王通是隋末大儒，是受人尊敬的文化人。王绩小时候“尝亲受其调”，被三哥亲自调教。这样的家庭出身和文化修养使王绩早年萌生了求取功名的想法，王绩自称“明经思待诏，学剑觅封侯。弃繻频北上，怀刺几西游”，从中可以看出他早年曾有过强烈的出仕愿望。

到了隋末，国家动荡不安，社会板荡衰微。在这样动乱的社会里想要出仕做官，简直是在引火上身，说不定哪天就死在了官场上。这时候王绩第一次产生了避祸全身、归隐田园的念头。王绩自己说：“中年逢丧乱，非复昔追求。失路青门隐，藏名白社游。”也是这一时期思想的写照。

等到隋朝覆灭，唐朝新建，王绩又开始激动起来了，他认为这百废待兴的时节自己应该为国家和人民出一份力。这时的王绩说：“逮承云雷后，欣逢天地初。东川聊下钓，南亩试挥锄。”他还在《答处士冯子华书》中称颂唐王朝说：“乱极治至，王途渐亨。”这时再称赞唐王朝是可以使国泰民安的。于是，出于对新王朝的期望和信任，王绩出世了。然而事实并没有他想象的那么美好和顺利，王绩在官场受到了两次不小的挫折。第一次是在贞观初年，他的哥哥王凝因弹劾侯君集而得罪朝阁重臣，虽然是他哥哥的过失，可是王绩也因此受到了牵连，兄弟两个一起被打压不被重用了。仕途受挫之后，王绩对于官场上的钩心斗角算是看透了，他以历史上帝王猜忌功臣的教训劝诫当时唐太宗的宠臣房玄龄说：“我欲图世乐，斯乐难可常。位大招讥嫌，禄极生祸殃。……功成皆能退，在昔谁灭亡。”然而房玄龄依旧活跃在唐朝的政治舞台上，并且以政治成就为后人记得。可见有的人就是适合做官，而有的人就是适合隐逸。这是王绩第一次入世和出世的体验。后来王绩又入仕为官，但是备受打压，“起家以禄仕，历数载而进一阶，才高位下”，也就是说他虽然有才华，官阶却很低下，好几年才升一次官。王绩对此十分生气不满，于是又辞官了。王绩第三次走进官场是因为“良酝可恋”，他去做官的地方有一对善于酿酒的焦革夫妇，他去做官是为了喝到他们酿的好酒。等到这对酿酒达人死后，他觉得再没有什么是令他留恋的了，于是就“养拙辞官”，结庐河渚，躬耕东皋了。

王绩辞官后的生活应该是适合他的，不管是不是曾经失意，不管是不是借酒消愁，远离了官场上的算计，寄情田园山水，也不失为活出了一种雅趣和酒趣。

王绩算得上是唐朝嗜酒和辞官这两件事的祖师爷了，在他后面，也有很多出世的文人。让我们继续来看看他们的生活。

先来看看李白吧。李白的仕途大家都挺清楚的，这种级别的名人的履历也会随着诗歌流传千古。

李白第一次做官的经历源于天宝元年（742 年）秋，在玉真公主的荐引下，我们的诗仙受到玄宗皇帝的召见，到了皇宫以后李白受到了玄宗皇帝的热情款待：“降辇步迎，如见绮皓；以七宝床赐食，御手调羹以饭之。”这待遇，估计连皇帝的儿子都不一定享受得到。玄宗皇帝让李白当个供奉翰林，时不时地为玄宗和贵妃娘娘写点诗。但是好景不长，李白受宠，又生性狂放不羁，遭到了宫中权贵的嫉妒，进而就遭到诋毁。矛盾激化在李白有次醉酒后让得宠的宦官高力士给他磨墨脱靴。这个高力士可不是个省油的灯，立马去皇帝那说李白的坏话。李白的处境十分险恶。天宝三年（744 年）春天，李白被玄宗皇帝从宫中放出来，开始了浪迹天涯的畅快生活。这一年多的宫中生活，让李白体会到了官场的险恶，对做官的幻想第一次受到了现实的打击。此后过上了无酒不欢、广交朋友的生活。这期间，他写下了很多脍炙人口的诗篇，描绘出了繁盛的大唐气象。

不过随着国势的衰微，李白开始忧国忧民，虽然依旧四处漂泊但是满怀抱负想要为国家做点事情。安史之乱爆发后，李白参与了玄宗之子永王李璘的复兴大业。李白满怀热忱毅然投笔从戎。不料肃宗李亨和永王李璘之间又展开争斗，李璘军败被杀。李白也因此获罪，不久被流放夜郎。当李白行至巫山的时候被赦免放还。经过这一番折腾的李白已经快要六十岁了，但是他仍然有报效国家的雄心壮志。到了上元二年（761 年），李白不顾年老又一次踏上征途，准备参加李光弼的平叛军队，中途因为生病而折返。这就是李白的一生。可以说，李白的出世和入世一直都是交融在一起的，身体在出世，内心却一直想着为国效命。或者李白内心的真实想法，只有他手中的那壶酒最清楚吧。

像李白这样在出世入世间徘徊的人还有很多，他们大多是先归隐看着形势，一旦有机会出世，还是会出世的。这些人的心里还是放不下官场的，并不是十分纯粹的归隐者。有些人归隐之后会重新做官，但有些人，可能就这么不情不愿地归隐一辈子了。比如有一个叫作沈千运的人，虽然名字里有那么多“运”，可他的好运气可实在太少。沈千运在隐居和求仕之间几度徘徊。等到他的名声终于传到肃宗耳朵里，即将被任用，可这时候的他已经等不到那一天了，带着遗憾去世了。

所以说出世就出世，了无牵挂的话会比较开心。就像咱们现在常说的“没心没肺，活着不累”。像李白啊，沈千运啊，还有杜甫之类的，他们的归隐多少都带点心不甘情不愿，极少有人真正能达到陶渊明的那种“采菊东篱下，悠然见南山”的境界。

不过你的另一个熟人，也就是我们之前提过的“茶神”陆羽，他的境界就很高。陆羽的出世就是真正的出世，和皎然和尚坐着品品茶，写写诗，走遍大江南北去品水、采茶，安心著书立说，研习茶道，算得上一位真正的隐士了。

第九篇

喝点墨水，做个唐朝文艺青年

在唐朝，认识字就算是文化人了？在这个吃喝拉撒都能写成诗的时代，光认识字那也太 low 了。你最好在穿越之前在身上揣本《唐诗三百首》。这样一来，遇见倾心的姑娘时可以速查一下，看看该用哪首诗来搭讪。当然，如果你还会写个大字、画个小画那就更好了。脱单大计，可指日而待啊!

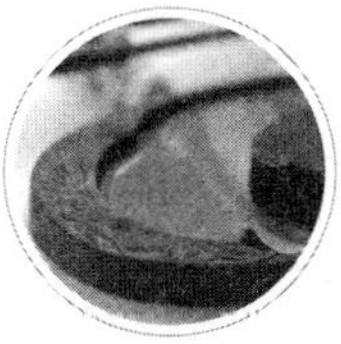

第1章

不会作诗怎么和姑娘搭讪啊？丨唐诗

三月，浅草刚没马蹄，此时的唐朝，富贵人家的女孩子们穿戴华丽服饰在西湖边散步，身后跟着一群仆人。普通人家的女孩子要么在自家院落里赏玩着春天，要么穿上男装上街去游玩。男孩子们就没有那么多顾忌了，他们高绾发髻在青草地上蹴鞠，放眼望去到处都是来来往往的人。东西市街道两边的小贩们在大声吆喝，来来往往的行人，老的少的、男的女的都洋溢着幸福的笑容。此刻的你也是这安逸生活中的一员，要不说这唐朝是个经济文化都开放的朝代呢，老百姓的生活质量好了，自然就开始追求精神生活了。话说在这个时代“黄金非宝诗为宝，万事皆空杯不空”，谁要是不会吟个三两句诗，哪里还敢说自己是文艺青年？

吟诗归吟诗，可是你也不能抄袭盗用别人的诗呀，咱们还是自己研究研究这唐诗吧。来，我先给你简单地介绍一下唐诗的分类。唐诗主要分为山水诗、咏物诗、田园诗、怀古诗、送别诗、行旅诗、边塞诗。山水诗以王维和孟浩然为代表，所以又称王孟诗派，主要描写山川的秀美壮丽和田园生活的安静闲适，同时从侧面折射出盛唐时期百姓生活安居乐业、时代精神开朗乐观的局面。你肯定会奇怪了，那为什么“国破山河在，城春草木深”也属于山水诗，却写出了混乱局面？那肯定是因为诗人彼时处在乱世，所以才抒发感慨的嘛，相同的在太平时期，王维的“明月松间照，清泉石上流”不正好诠释了这一说辞。

咏物诗就更加简单了，比如贺知章的咏柳，“碧玉妆成一树高，万条垂下绿丝绦。不知细叶谁裁出，二月春风似剪刀”，这是典型的咏物诗，赞美柳树，赞美春天，赞美造物主的创造力。田园诗在一定意义上可以和山水诗并称为山水田园诗，那就又要说到王孟诗派了。“故人具鸡黍，邀我至田家。绿树村边合，青山郭外斜。开轩面场圃，把酒话桑麻。待到重阳日，还来就菊花”，这是孟浩然的《过故人庄》，在描写田园生活的同时又写出四周的风光，将景色与生活很好地结合在了一起。

就拿最简单的《赤壁》来说明吧。“折戟沉沙铁未销，自将磨洗认前朝。东风不与周郎便，铜雀春深锁二乔。”杜牧借古物兴起对人、事、物的感叹，把自己的情怀抒发在诗里。送别诗印象最深的恐怕是李白的“桃花潭水深千尺，不及汪伦送我情”吧，写出对友人的感激之情，同时也表现出二人友情之深。总之唐朝的每个类别的诗歌都有其存在的意义，而这些都和唐朝的社会背景、精神文化紧紧联系在一起。

好了，已经说得这么详细了，你该明白了吧。唐朝文化的氛围这么浓郁，写不出一两首小诗还真算不上是唐朝文人。行了，下面是创作时间，尽情地去发挥你的才华吧！

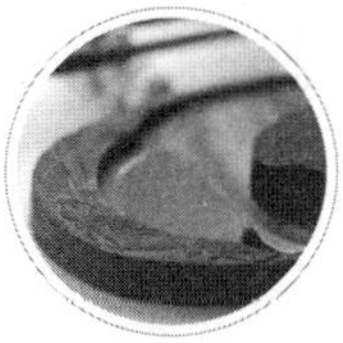

第2章

文房四宝，好好陪少爷在书房读书｜笔墨纸砚及书房布置

假如你不精通经商之道，又不擅长与人打交道，甚至有些社交恐惧症，是不是就没法在唐朝混下去了？放心吧，不会的，你可以去给大户人家的公子哥当书童，每天伴公子哥读书，既不用担心吃穿用住，还能学习到知识，可以说是一份不错的差事了。

要想做一个好书童，首先，对笔墨纸砚必须有一定的认识，要不然一问摇头三不知的，连书童的面试都过不了。

咱们现在就好好说道说道笔墨纸砚，好让你的这个书童当得名副其实。说到文房四宝，大家都知道是笔墨纸砚，但是你知道它们的来历吗？在唐朝初期的时候，“文房四宝”并没有明确的定义，一直到唐朝晚期还是只有模糊的概念，所以是先有的笔墨纸砚，后有的文房四宝的定义。

先从笔说起，我国传统的书画工具一般指的是毛笔，一般是用动物的毛经过加工之后制作成笔头，然后配上笔杆就做好了一支毛笔了，可不像现在这么高端，有什么圆珠笔、铅笔、钢笔、中性笔，种类多了去了，还有各种不同的颜色。当人们习惯这些笔的时候渐渐地把陪伴我们两千多年的毛笔给抛弃了，不禁为它感到悲哀。毛笔只是人们对它的统称，它其实还有很多不同的名字，例如“毛锥子”“尖头奴”“龙须友”“毛颖君”等，这些名字也怪好听的。到了战国时期，每个地方称呼它的方式又不同了，燕国叫它“弗”，楚国叫它“幸”，吴国的称呼挺奇怪的，叫“不律”，可能是觉得毛笔的毛有长有短吧，只有大秦国叫它“笔”。

笔为什么排在文房四宝的第一位呢？因为它是最早出世的，理所应当成为老大，现如今出土的新石器时代的陶片上，可以看到有祖先们画的什么几何图形和动物图案啊，历史学家称这不是刻出来的，显然是写出来的，所以早在五六千年前就有笔的存在了，所以笔应该是文房四宝之首了。

接着来说说墨。相传西周宣王时，有个叫邢夷的人，他是最早研究墨的人。《述古书法纂》中说道，“邢夷始制墨，字从黑土，煤烟所成，土之类也”。从此可以看出，周宣王时就已经有墨的使用了。墨其实外观上和泥土相似，十分粗糙，也不方便操作，总不能拿块泥巴写字吧，那多不雅观，聪明的古人想了个办法，既然拿着不方便写，那就把它磨成粉末再兑水稀释了，这样就成了便于使用的墨水了。

按理说照顺序应该再介绍纸的，但是这墨都稀释好了，总不能没有东西装吧，所以还是先来说说砚吧。砚其实就是研磨器，用来磨墨的器具，据说最早的研磨器制作十分粗糙，造型也很简单，被发现在仰韶文化时期，可以算得上是砚的始祖了。发展到后来，砚的外观可能比之前更好看点了，首先它有个盖子，打开盖子发现里面是一个凹槽，也没有很深，估摸着两三厘米的深度吧，凹槽旁边还有一处凹处，这应该是放磨棒的地方，磨棒顾名思义是用来磨墨的棒子，你可以先体验一下，在凹槽里放些许的石墨，然后兑点水，就慢慢地磨啊磨啊，这可是体力活，时间长了手会很酸，但身为书童的你，这个是不可避免的。如果你家少爷是个文人雅士的话，那你很可能接触到各种精美得如同艺术品的砚。文人雅士大多喜欢雅致的东西，而砚由于大自然的鬼斧神工和人力的雕琢，造型精美的也很多，自然也就得到了文人们的喜爱。在这些砚台中，最受文人青睐的要数被誉为中国“四大名砚”之首的端砚了。说起这端砚，还有个有趣的民间传说呢。这个传说是这样说的，话说唐朝时候，有个端州的小伙子姓梁。这小梁寒窗苦读十载，终于学成，在家乡考上了举人，背着换洗衣物和家里祖传的砚进京参加会试去了。到了考试的那天，京城突然下起了大雪，气温骤降。考生们砚台里研磨好的墨汁都结成了冰，让这些考生束手无策。但唯独这位来自端州的小梁，用家里祖传的端砚研磨出来的墨汁没有结冰。小梁同学正在奋笔疾书，突然发现砚台里的墨不够了。他刚想拿出水壶往砚里倒水重新磨一些墨，却惊讶地发现水壶里的水结冰了！小梁同学光荣地成了束手无策中的考生中的一员，他一边冻得直搓手，一边对着端砚喃喃自语："端砚啊，人家都说你是文房四宝之一，如今你宝在何处？"小梁同学的话音刚落，神奇的事情就发生了：砚堂里出现一片水蒸气！小梁同学高兴坏了，连忙往砚堂里呵气，成功地研出了磨，在考场上继续奋笔疾书，终于一举考上了进士。虽然这只是个故事，但也充分反映出了端砚不易结冰的特点。

最后我们要说到纸啦。纸是文房四宝中最后问世的，不过也不奇怪啊，古代人都拿什么竹简啊木犊啊丝绸绢帛之类的东西写字，所以之前没有人会想着去发明纸吧，但是竹简木犊丝绸绢帛这些东西昂贵的昂贵，笨重的笨重，这么用下去绝非长久之计。到了东汉，有个太监叫蔡伦，他改进了造纸术，使人们能够更为方便地制造纸张。可最初也仅限于皇室、王公贵族和富贵人家使用。毕竟是新生事物嘛，挺稀罕的，自然也就不便宜。后来，随着造纸工艺的演进，终于出现了"宣纸"，这种纸最适用于书画，而且是纸中的上品，你家公子书房里的那些纸，就是宣纸。这宣纸说起来，也跟蔡伦有关系。相传蔡伦死了以后，他的弟子孔丹继承了他的造纸事业。孔丹一直有个想法，他想造出一种洁白的纸，给老师蔡伦画上一张清晰的人像，用来表达他对老师的缅怀追思之情。他怀揣着这样的愿望在皖南造着纸。有一次偶然看见一棵横卧在溪边的青檀树，在流水的终年冲刷下，这棵树的树皮腐烂变白，露出了一缕缕纤长又洁白的纤维。孔丹尝试着用这种纤维造纸，多次试验，终于成功造出了宣纸。

这文房四宝得搁在哪？当然是放在书房里以备少爷用功啊。

在这个"万般皆下品，唯有读书高"的时代，书房是唐代文人们家里必不可少的空间。书房里的具体陈设大体是这样的："天然几一，设于室中左偏东向，不可迫近窗槛以逼风日。几上置旧研一，笔筒一，笔觇一，水中丞一，研山一。古人置研俱在左，以墨光不闪眼，且于灯下更宜。书册镇纸各一，时时拂拭，使其光可鉴，乃佳。……屏风仅可置一面，书架及橱俱列以置图史，然亦不宜太杂如书肆中。”简单点说就是一进屋子，你会在房屋正中间左偏东的位置看到一张写字台。这个写字台要离窗户有一定的距离，不能让少爷被风吹日晒。写字台上摆放着笔墨纸砚以及其他的文具。注意啦，砚是摆放在左边的。这是因为放在左边就不会让写字者的眼睛被黑亮的墨发出的光闪到。光把砚台放在左边还不够，最好的做法是放在灯下，唐朝没有珍视明，连近视眼镜也没有，可得好好保护你们家少爷的视力才行。对了，还要放置一扇屏风。书架和书橱上放着各种书籍画像以及一些文人喜欢把玩的工艺品。一般文人家里也就这么多东西了，不过看得出你家公子比较讲究，还在墙上挂了一张七弦古琴，琴边还放着几支箫和一口宝剑，正对门的墙上还挂着画圣吴道子的山水画，看来还是个大户人家。啧啧啧，果然是书香门第，可以想象公子们在书房里谈论诗词歌赋、琴棋书画，上说天文下道地理的场景，真是乐哉乐哉，顿生雅趣。

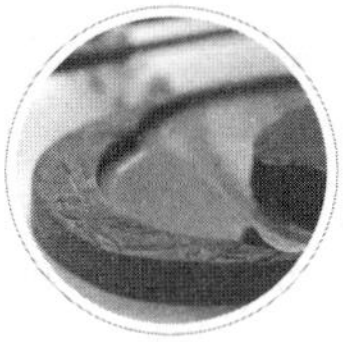

第3章

挥毫泼墨是文艺青年的必备技能 | 绘画与书法

在唐代，最著名的画家要数画圣吴道子了。你要问这吴道子是何许人也？唐代第一大画家是也，擅长画佛道、神鬼、人物、山水、鸟兽、草木、阁楼等，特别是佛道画、人物画、壁画的创作水平可是一流的。据说他曾经在长安洛阳两地的寺观中画了三百多处壁画，还没有一处重复，堪称牛人。

吴道子不光壁画画得好，画人物也是一流的。这吴道子早年学习顾恺之、陆探微用笔，属较工细的一种。到了中年以后，他画得多了，也形成了自己独特的风格。他自创了一种波折起伏、错落有致的莼菜条式描法。用这种描法画出来的人物衣裙具有迎风起舞的动势，也就是我们现在常说的“裙裾飞扬”。所以人们把吴道子的这种画法称为“吴带当风”。

话说有一天，吴道子去看望某位朋友，这位朋友是名僧人，吴道子觉得口渴了想讨杯水喝，但是这位朋友对吴道子的态度可不友好，所以吴道子生气了，拿来了笔砚在他住的地方迅速地画了一头驴子，随后便走掉了，这个僧子当时会不会觉得吴道子脑子不好，喝不到水就画头驴子？但是他错了，等到这天晚上的时候，墙上画的驴子竟变成了真的驴子，这驴子脾气也不好，跳下来在僧人的屋子里到处乱尥蹶子，把家具等物踩得乱七八糟，这下僧人害怕了，再这么下去家里都不能住啦，没办法，只好去求吴道子把墙上的画擦掉，这才没事了。确实是挺夸张的，不过虽然是神话之说，但是也更加反映了吴道子画画具有传神之笔。唐朝的宗教思想也很盛行，同时也影响着吴道子，他的代表作《地狱变相》正是由此而来，宋代黄休复说“吴道子画地狱变相，都人咸观，惧罪修善”。要么怎么说吴道子是个牛人呢。

你也别光顾着研究吴道子，还有很多厉害的画家等着你去膜拜呢。唐朝同样出名的还有仕女图，最具有代表性的就是张萱的《虢国夫人游春图》《捣练图》和周昉的《簪花仕女图》《挥扇仕女图》，这些画主要描写了唐代众美女“回眸一笑百媚生”的样貌，因为女人都希望自己可以永远漂亮美丽，但是又没有长生不老药，所以就想把自己的年轻貌美的样子画出来，这样就实现了另一种意义上的长生不老了，这就跟现在的照片是一个作用，把自己年轻的样子记下来，等到老了，美貌不在了，看着这些照片的时候起码心里还有些许安慰。

在这个年代，人们的扫盲意识比不上现代社会，有很多人不认识字或者只认识字却不会写字。你在唐朝如果实在找不到体面的工作，可以去街头摆个摊位，挂一横幅，上面写道“代写家书、请帖”，当街卖字来维持生计。要是你肚子里还有些墨水，你可以在卖字的基础上提供VIP服务——替人作名字的藏头诗。张恨水小说《金粉世家》里面，才华横溢的冷清秋在离开金家后，靠着给人作暗含名字的藏头诗讨生活，后来机缘巧合被作者遇见，遂成此书。作为穿越者的你，想不想也被哪个唐朝文人发现，以你为主角写本书？那就要看你的运气了，说不定哪天还真能被哪个文人赏识呢。当然了，首先你的文化底子要过硬才行，得达到下笔成文的境界。不然你在摊子前憋了一个多钟头都没憋出来一句，顾客不把你的摊子掀了才怪！就拿最基本的代写家书、请帖来说吧，你字得写得漂亮，才会有生意。所以，为了能在卖字界占得一席之地，你得买本字帖回来好好练练。

买之前有个问题需要你先考虑考虑：你打算师从哪家啊？唐朝的书法家可多了去了，你如果喜欢楷书，像虞世南、欧阳询、褚遂良、颜真卿都是你可以学习的对象，每位大师都有他们的风格。如果你想和虞世南学习，那你得注意他的用笔遒美圆劲，沉着稳健；结体宽绰疏朗，端庄洒落，风神俱足。如果你又觉得欧阳询的风格好，那你得了解欧阳询的书法结合了汉代隶书和晋代楷书的特点，同时又借鉴了六朝碑帖，最终形成了自己的特点，那就是严谨工整、平正峭劲。而书法大师颜真卿改变了初唐王家书法的风格，形成了颜氏特有的丰腴劲健、端庄雄伟的风格。他的字可谓是“取之于民，用之于民”。为什么这么说呢？这是因为颜真卿的书法来自民间，又为民间所喜爱而被广泛使用。褚遂良是盛唐时期的大臣，被魏徵举荐给了唐太宗。但是他在书法上的造诣远超过了自己的政绩。褚遂良的字是唐楷中最具个性、最有法度、最富美感同时又最远离庸俗的，主要特点是瘦润华逸、清静刚毅。悄悄告诉你，在唐朝如果你楷书写得好，那是很受统治者赏识的。唐穆宗当上皇帝之后，有一天召见了书法家柳公权。柳公权可不是因为犯了什么事被召去训斥，他是走了官运了！原来，唐穆宗以前在佛寺的墙壁上见过柳公权的字，“思之久矣”，被这字深深地打动了。后来一当上皇帝，就赶紧把柳公权叫来，“拜右拾遗，充翰林侍书学士，迁右补阙、司封员外郎”。瞧瞧，这字写得好，官也做得大了。这可不是个例，唐朝的统治者十分喜爱楷书大家，在唐朝中央各部门里有很多楷书能手，如崇文馆 10 人，司经局 25 人，秘书省 10 人，史馆 55 人，著作局 5 人，官教 2 人。这足以看出统治者对楷书有多么重视了。其实在唐朝，不仅仅是统治者对楷书看重，就连王公大臣甚至普通百姓都十分重视、喜爱楷书。这其中一个很重要的原因，那就是潮流。唐朝人们喜欢用楷书来写碑记、墓志铭、颂赞及官阁铭等等，一些达官贵人的父母去世，要是墓碑上没能求得柳公权的字，那是要被视为不孝的！

什么？你说你就爱特立独行，不喜欢跟风？没关系，那不学楷书了，咱们还有草书可以研究。草书的特点是结构简省、笔画连绵，通过点画纠连、结构省减、变换位置、点符借代等方式，加以简化和草化，于是就形成草书字体。草书相对楷书来说更加随意和自由，但是也不能太随便，不能说把两个字之间写的连在一起就能叫草书了，还得有一定的神韵才行。

说到草书，有两个人不得不提，那就是唐朝的草书大家张旭和怀素。我们先来说说这张旭。先不说他的字怎么样，我们先来谈谈他的外号。此人的外号还真不少，有“张颠”“草圣”“张长史”，还与李白等人并称为“饮中八仙”。在这些外号中，“张长史”是源于他做过金吾长史，“草圣”是形容他在草书领域的地位。这两个就先不说了。重点给你说说“张颠”和“饮中八仙”。这“饮中八仙”容易理解，能跟李白齐名，这酒量，啧啧，一般人可不敢跟他拼。据说这张旭时常喝得酩酊大醉，喝醉了又不肯乖乖躺到床上或者钻到桌底睡觉，非要大声地呼叫，光大喊大叫就算了吧，他还要边走边叫。张旭的能耐就是在醉得走都走不稳的情况下还能落笔成书。人们把满嘴酒气东倒西歪却还能写得一手好狂草的张旭称为“张颠”，看看，名副其实吧。

除了醉酒还能落笔成书外，张旭还有一个特点是善于将所见所闻与书法结合，创造出独特的手法。他曾经在河南看过公孙大娘的剑舞，在公孙大娘出神入化的舞姿中受到了启发，领悟到了草书的神韵。韩愈对于张旭这种举一反三的能力十分赞赏，写了一篇《送高闲上人序》来称赞他：“喜怒、窘穷、忧悲、愉佚、怨恨、思慕、酣醉、无聊、不平，有动于心，必于草书焉发之。观于物，见山水崖谷、鸟兽虫鱼、草木之花实、日月列星、风雨水火、雷霆霹雳、歌舞战斗、天地事物之变，可喜可愕，一寓于书。故旭之书，变动犹鬼神，不可端倪，以此终其身而名后世。”

在唐朝，绝大多数的书法家都精通古诗词和绘画，有的甚至还精通音乐。可是只有怀素是纯粹的书法家，怀素不仅名字中有素，吃的也是素。没错，这位书法家是一位僧人。出家人不拘泥于世俗，也没有在权者很深的等级观念，所以他的书法更为自由更加富有想象力和创造力。怀素自幼出家为僧，虽然做了一辈子和尚，却是个不大遵守清规戒律的人。他不像别的和尚一样念经打坐，而是成天沉溺于酒与书法之中，把酒戒是破得彻彻底底。他每次喝酒喝得兴致来了，就拿着毛笔到处写字，管你什么衣裳、器皿、桌面、马路、寺壁、院墙，随意书写。这股疯狂劲头给他赢得了一个“狂僧”的称谓。

挑来挑去，说来说去的，你到底决定好了吗？要想做个地道的唐朝小文艺青年，可不能徒有虚名呀，绘画方面的才能你是没有滴，写字这个总算简单了吧？什么，你不会毛笔字？那说了半天白忙活了，那算了吧，你呀还是去给别人当书童算了，起码你对这些文化了解了一点，总可以去冒充个文化人。

第十篇

人情世故要懂得，红白喜事才能吃得开

不管到了哪里，都逃不了“份子钱”。红喜事，白喜事，都是“送钱事”。光知道掏钱还不成，你得懂规矩啊。不然你一个不小心坏了规矩，新人不高兴也就算了，要是逝者不高兴了，那就……

第1章

规矩都不懂，还想在唐朝娶媳妇？|婚礼习俗

你穿越到唐朝成了一位适龄男青年，你的爹娘天天在你耳边唠叨：“这不孝有三，无后为大。儿啊，快娶妻生子传宗接代吧！”你可能还不服气，我才刚满二十岁，还没玩够呢，传宗接代，这不是开玩笑吗？你的父母准会告诉你，儿啊，你已经不小了，快成亲吧！不然，可是违法的呀！你心下一惊：不结婚也违法？

没错，在唐朝，关于男女结婚年龄先后有过两次立法。第一次是唐初太宗时期贞观元年（627年），规定“男年二十，女年十五以上，及妻丧达制之后，孀居服纪已除，并须申以婚媾，令其好合。若贫窭之徒，将迎匮乏，仰于亲近乡里富有之家，裒多益寡，使得资送”。也就是说，男子年满二十，女子年满十五，就有了必须及时结婚的义务。换句话说，男子二十岁，女子十五岁是结婚年龄上限。

第二次关于婚龄的立法是在唐玄宗开元二十二年（734年）：“男年十五，女年十三以上，听婚嫁。”意思就是说，男子到了十五岁，女子到了十三岁，就到了法定结婚年龄，也就是说，男子十五岁，女子十三岁是法定结婚年龄的下线。不管怎么说，二十多岁的你都应该结婚了。

在娶妻之前，你需要仔细了解一下这唐朝婚礼的习俗。结婚可是头等大事，到时候双方的亲朋好友可都是要出席的，万一到时出了岔子，那就落下话柄了。不行不行，你得办个不留遗憾的婚礼，毕竟一辈子就这么一次。

这唐朝的婚礼呢，在正式成婚之前，有六个步骤，依次是纳采、问名、纳吉、纳征、请期和亲迎。纳采就是请媒人去女方家里说媒，如果女方愿意，由媒人告诉男方。男方需要送一只大雁给女方，表示求婚的意思。看看，人家唐朝人多实在，求婚可不要钻戒，只要一只大雁就搞定了。

不过为什么要送大雁呢？给女方炖了补补身子？喂喂，送大雁是有寓意的，能别尽想着吃吗？古人认为万物阴阳相生，天为阳，地为阴。男为阳，女为阴。而大雁是候鸟，随着寒暑易节而南来北往。所以古人就认为大雁符合顺应自然的要求，于是用大雁作为求婚的信物，象征阴阳相合，结为佳偶。

这媒人的效率还真是高，没多久就给介绍了一个。你爹娘一听各项条件都挺好的，门当户对，贤良淑德，相貌也不错，决定就是她了。于是就开始着手准备提亲。人家女方也觉得你挺靠谱的，也同意了。媒人欢欢喜喜跑来告诉你说成了。这下好了，快抓只雁给人送去吧。

纳采之后呢，可不是定了婚期就立刻迎亲拜堂入洞房了，还有一系列复杂的程序等着你完成呢。别急，郎君，待我慢慢说来。

纳采之后是问名，对呀，你连人家姑娘长什么样子都没有见过，全凭媒人一张嘴，就定了终身。你虽然跟这个姑娘以及她的家人达成了结婚的意向，但是你还不知道人家的名字呢。这时候男方要派人去问女方要庚帖，也就是名字和生辰八字。还要再送一只雁。这时候呢，是正式的求婚了。之前那个纳采的环节虽然也有求婚的意向，但是是初步达成意向的意思。进展到问名这个环节，才是真正的求婚。如果女方将姓名和生辰八字给了男方，就表示同意嫁给男方了。男方拿到庚帖之后，要和自己的生辰八字一起算一下，要是相合，那就说明这门婚姻是大吉之婚。如果八字不合，那这段男女的姻缘就此会被斩断。所以，生辰八字对古人的婚姻是很重要的。还好还好，你的八字和那位姑娘的是相合的。你可以愉快地进行第三步了。

这第三步叫作纳吉，也叫作“过小礼”，就是说八字合上之后，男方要去向女方报喜。这报喜也不是空着两只手去的，还得抱一只雁去女方家里。有的人还会送一些衣物、首饰等礼品。大礼是不送的，因为还有专门送大礼的第四步。

这第四步叫作纳征，也就是俗称的“过大礼”。男方这时需要把彩礼往女方家里搬了。送的礼根据经济条件来定，有钱人家送的东西会比较贵重，有鹿皮、丝织品等。普通人家的礼就简单多了。

过完大礼之后就是第五个程序了——请期。男方先占卜或者通过其他什么方式，整个良辰吉日出来。然后去问问女方的意见，同不同意在这个日期结婚。这时候还要送雁。这个环节也叫作“送日子”或者“提日子”。等男女双方达成共识了以后呢，就可以坐等吉日了。

你可能要问了，结个婚送这么多雁，哪来的啊？这样下去唐朝的雁岂不是要被抓完了？当然不可能人人都拿得出那么多只雁啦，所以人们在没有雁的时候会拿木雁或者是鹅或者鸡来替代。

接下来的日子，你家里忙着装修新房、置办家具等烦琐的事情。终于，到了你娶妻的日子了。

娶妻前一天晚上呢，你估计是睡不着的。你可能会躺在床上失眠，猜想明天娶的新娘的长相，会不会是个美女呢？虽然媒婆拍着胸脯跟我们保证绝对是个美女，不过唐朝人的审美跟我们不一样，也不知道是不是我的菜啊。还有，会不会是个胖子呢？要是好吃懒做怎么办？可要把我们家吃穷了。虽然媒婆说那姑娘贤淑得很，可谁知道呢？

你这样想着，迷迷糊糊的，天就亮了。

这一天你一大早就得起来，稍微打扮一下，整个发型什么的，穿上新郎服，戴上大红花，给马也戴上花，去新娘家迎亲。到了新娘家之后，你可别指望新娘打扮好了在门口等着你来接。新娘可不会这么容易就出门来的。新郎，也就是你啦，会带来一波亲友助阵。他们会在新娘家的院子里大声地喊“新妇子，催出来”。这些人扯着嗓子不停地喊，一直到新娘子出来了才停。

光靠亲友团这里吼可吼不出新娘子来，这新郎还得作诗。作什么诗呢？当然是催妆诗啦！有文化的新郎可以自己作催妆诗，顺便借机在众人面前显露一下文采；要是新郎肚里没有墨水，也可以请随行迎亲的人帮忙作。

贾岛就替人做过催妆诗。是不是很新奇？和尚也帮人作催妆诗！贾岛的这首催妆诗叫作《友人婚杨氏催妆》："不知今夕是何夕，催促阳台近镜台。谁道芙蓉水中种？青铜镜里一枝开。"将新娘杨氏比作娇艳的水中芙蓉，也不知到底见过新娘真容没有。

你要是一时想不出来，就请旁人帮你作一首，你高声朗诵出来就行了。新娘终于在你的吟诗声中和众人的呼唤声中被人搀扶出来了，真是千呼万唤始出来，犹戴盖头掩着面。

别紧张，这只是婚礼例行的一道程序而已，叫作"下婿"，也就是女方家里的女眷们拿着木棍或者竹棍打你，给你下马威的意思。这也是女方不想自家的女孩在夫家受委屈的一个表现，不过通常都不会打得很过分。

等新娘子上车后，新郎需要骑马围着车绕三圈，象征和睦、谦恭。

在迎亲队伍至新娘家的同时呢，女方家要派人至男方家里布置新房，展示女方陪送的嫁妆。女方需要派"铺母"去男方执行铺床的工作。这"铺母"可不是谁都能当的，必须是福寿双全、家境富裕的妇女，意在趋吉祈福。对"铺母"有这样的要求，还有一方面的原因是出于唐朝人讲究门第的习惯，铺房也是在显示女方的经济实力，希望自己的孩子在夫家不至于受到欺负。

在新郎接新娘快要到自己家的时候，新郎迎亲的那些人会堵在马路中央挡住新娘的轿子或者车，问新娘要酒食财物，还有人要求新娘一方作"障车文"。新娘分发了酒食财物或者作了障车文之后，那些起哄的人才能放行。

新娘下车下轿后脚是不能直接踩在地上的，要踩在新郎家事先准备好的毡褥上。新娘走过后，人们把后面的毡褥挪到前面，供新娘继续踩，一直反复，直到快要进门。在快要进门的时候，新娘还要从摆放在门口的马鞍上跨过去，或者坐一下，寓意婚后的生活平平安安。而且婚礼当天新人不能住进房子里，而必须住进屋外用青布幔搭建的帐篷，这个帐篷被叫作"青庐"。不仅是晚上得和新娘子住在青庐里，你们连拜堂都得在青庐里拜呢。拜堂的规矩也是非常多，估计你记住这所有的规矩就花了很久。

新娘在拜堂的时候要用扇子遮住脸，等到新郎朗诵完"却扇诗"，才可以拿开扇子。这叫作“却扇”。

值得一提的是，唐朝人举行婚礼是在黄昏。结婚的“婚”字本来写作“昏”字，代表的就是黄昏的意思。如果你非要在其他时间举办婚礼，那会被视为违反了礼制，你的父母和新娘子的父母也不会允许的。

你们小夫妻俩在青庐里拜天地，拜父母，夫妇对拜，然后把手洗干净，相对坐于案前，共结镜纽，以示美满。还有各自剪下一缕头发，用丝线扎结，放在锦囊里，结发夫妻这个词就是这么来的。不过这个结发的礼节只适用于于首婚，再婚者是不需要的。因此结发仪式还包含有庄严的意义。

结婚实在太麻烦了，规矩和习俗太多。就挑选一些说说吧。你的新娘子刚刚进门的时候，男方的舅姑等亲戚需要从便门出去，然后再从正门进来。这是为了踩着新娘的脚印，沾沾新人的喜气。新娘子来到了你家，还得先拜一下灶台，表示自己以后能够把家务操持得很好，把你服侍得健健康康白白胖胖。这些都是例行的规矩，人们的兴致也不是特别高。真正燃起大家兴趣的当然是闹洞房啦。唐朝的闹洞房也叫弄新妇。就是大家去洞房里捉弄新郎新娘，起哄喧闹。你这时候可不能生气哦，大家也是在闹着玩图热闹嘛。不过有的人闹洞房实在是太过分了。且看这个例子：“律有甲娶，乙丙共戏甲。旁有柜，比之为狱，举置柜中，复之。甲因气绝，论当鬼薪。”这个事情大概是这样的，甲结婚，乙、丙来闹洞房，他们看见旁边有个柜子，就把甲塞进了柜子里，等再打开盖后，甲已经被憋死了。这真是个悲惨的故事。

等到了晚上，大伙都闹乏了，各自醉醺醺地散去了，你就可以和你的新娘子独处了。

婚礼是举行完了，规矩可还没完呢。第二天早晨新媳妇要去拜见公婆。等到了过门的第三天，新媳妇还要亲自下厨做饭。而且这顿饭必须要有羹汤。这是因为这顿饭本来就是用来检验媳妇厨艺的，而羹汤又是最难做的。这场“考试”的结果会直接影响到公婆对这个媳妇的印象，所以你得让你媳妇高度注意啦。

第2章

婚不能乱结，搞不好要蹲大牢！|礼法禁忌

你在唐朝娶了美丽的妻子，小日子过得越发滋润起来了。有一天你突然听说你的一位朋友的妻子因为对你的朋友不满意，和他离婚了。这消息对你来说可是个大八卦呀！在唐朝也兴离婚这套？不都是丈夫休了妻子吗？哦，郎君你错了，唐朝社会在婚姻关系中还是比较保护女性的。

你的朋友离婚了，你应该提壶酒去看看他。到了朋友家里，三杯两盏下肚，话匣子一打开，你什么都明白了。

原来啊，你这个朋友新纳了一个小妾。你也知道，这唐朝是可以有很多老婆的。只不过只能有一个妻子，其他的都是妾。这也就是我们所说的“一夫一妻多妾”制。不过男人有几个妾也算是正常。可是你朋友的老婆，哦，应该是前妻，占有欲比较强，死活容不下这个新纳的妾。这时候你发问了：“这妻子的地位应该比妾高吧，我听说你这个妻子家境很好的，也很受令尊令堂的喜欢，怎么就会跟一个妾过不去呢？”你的朋友咽下一口酒，告诉你，虽然理论上说妻子在家庭中的地位比妾高很多，而且妻的家庭通常都比妾强很多，但是呢，娶妻大多看的是门当户对，娶回来之前都不知道她长啥样。虽说感情是可以培养的，但总归少了一种倾心的感觉。而我的这个妾就不一样，我是先看中了她的样貌品行，才决定收入家中的。虽然她家境不是很好，但是为人勤快乖巧，惹人怜爱。我妻子或许是嫉妒我对妾的宠爱吧。

这时你又要插嘴了：“这古代男子娶好多老婆的应该也不少，女人们应该早就习惯了吧。为什么还会因为争宠这种事情而闹得不可开交呢？”

虽说政策允许一个男人可以娶很多女人，但是有些女人的占有欲不允许自己的男人有别的女人。这样的女人还是很多的。传说唐太宗赐给房玄龄两个绝色美女做妾。房玄龄惧怕自己那个生性善妒、占有欲强、性子极其刚烈的妻子，不敢收下这两位美妾。太宗皇帝于是让皇后召见房玄龄这位传说中的妻子，企图通过皇后之口劝说她接受丈夫纳妾这件事。但是生性倔强刚烈的房夫人坚决不同意。太宗皇帝只好派人把毒酒呈到房夫人面前，对她说，你要是不嫉妒你丈夫纳妾就可以活下去，要是坚决选择嫉妒，就把毒酒喝了吧。房夫人拿过毒酒一饮而尽，毫不畏惧。太宗听说后叹息道，我尚且害怕，更何况房玄龄呢？

房玄龄的妻子虽然善妒，但是毕竟没有伤害别人。有的妒妇嫉妒起来，简直让人害怕。比如中宗皇帝的一个女儿，她的丈夫，也就是驸马，纳了个美貌的妾。公主妒性大发，命人割去妾的耳朵和鼻子，把妾变得面目全非成为丑八怪。有一个名叫胡亮的县丞，十分宠爱他的小妾。他那剽悍的妻子趁着胡亮不在家，居然丧心病狂地把烧红的铁钉刺入妾的双眼使之失明。妾悲愤上吊而死。

你的心脏被这些可怕的女人吓得扑通扑通跳，赶紧换个话题吧。

聊什么好呢？就聊聊你们是怎么离婚的吧。唐朝的离婚呢，叫作和离。就是双方和平分手，相当于我们今天所说的协议离婚。从这里我们可以看出唐朝对于女子还是比较尊重的，和离这项规定体现了男女平等的观念，这在封建社会里是很难能可贵的。

你的朋友拿出了他与前妻的和离书，上面是这样写的："凡为夫妇之因，前世三生结缘，始配今生之夫妇。若结缘不合，比是冤家，故来相对……既以二心不同，难归一意，快会及诸亲，各还本道。愿妻娘子相离之后，重梳婵鬓，美扫蛾眉，巧呈窈窕之姿，选聘高官之主。解怨释结，更莫相憎。一别两宽，各生欢喜。"

离个婚都这么唯美，哪像今天又要上法庭又要争家产的。分开了也互相祝福，这样的胸襟不是每个人都有的。

除了和离，在唐朝还有一种离婚方式叫作“义绝”，这义绝可不像和离那么和和气气了，还互相给个祝福啥的了，很可能就是分开了就老死不相往来了。提出义绝的条件有两种，第一种是夫对妻族或者妻对夫族有犯罪行为，为法律和道义所不容。第二种是妻子对丈夫有家暴行为，官府也会判定夫妻双方离婚。你可别高兴得太早，真以为唐朝女人把丈夫狠揍一顿就能离婚！因为根据唐朝法律规定：妻子揍丈夫，要被流放一年；如果把丈夫打伤了，甚至还要坐牢！

不管是和离还是义绝，都是女子可以享有的权利。那么专属于男子的权利是什么呢？那自然就是休妻了。不过这休妻可不是随便看妻子不爽就可以休的，还得满足一定的条件才行。

在唐朝的法律中呢，关于男子休妻有“七出”的规定，即满足以下七种情况，才可以休妻：不孝顺父母，无子，奸淫，妒，恶疾，多口舌，窃盗。其中“无子”这一条还有额外的规定：女子年龄在五十岁以上长期不育，丈夫才能申请与她离婚。如果没有到绝育期，男子是不能随便提出离婚的。

在这七条之中，唐朝人最注重的是不孝顺公婆。有这么一个例子：李迥秀的母亲出身不好，李的妻子常常用污言秽语辱骂奴婢。李母听见后疑心儿媳妇是在辱骂自己，心里十分不爽。于是李迥秀想要休妻。有人劝阻他，但是他还是坚持认为妻子对母亲不孝，休了妻子。

除此之外，以下三种情况是不能休妻的：一是女子家中贫寒，“有所娶无所归”的情况，你要是把妻子休了，她生计都成问题。二是妻子为夫家的父母守孝满了三年。三是男子先贫后富，这样要是休妻的话会被认为是背信弃义，抛弃糟糠之妻。这三条是为了维护家庭的稳定而制定的规定，所以一般男子也不能随心所欲地休妻。

不管是和离还是义绝，都是夫妻两个劳燕分飞。那就存在再婚的问题。男子再婚没什么很大的关系。可是在封建社会，女子再婚会有哪些情况呢？

唐朝的社会还是很开明的，女子再嫁也不是什么难事。不过要是拖着个孩子，那就稍微困难点了。

唐朝女子再嫁的例子有很多，比如韩愈的女儿就再嫁过。跟平民女子比起来，公主们再嫁的情况要多得多。因为公主们出身高贵，吸引了很多人攀附高枝。比如著名的太平公主，就一共嫁过三次。还有中宗的女儿定安公主，也嫁过三次。肃宗的女儿萧国公主，也嫁过三次，而且最后一次还嫁给了回纥英武威远可汗。

虽然公主再嫁依旧抢手，不过也不是所有人都愿意娶公主的。那些守礼的士大夫门第，通常是不愿意娶公主的。大概是因为公主娇生惯养，恣意妄为，娶回去相当于娶了个祖宗，不善于持家吧。

酒酣，你的朋友又跟你讲起了唐朝婚姻法中的禁忌。原来这婚也不能乱结，搞不好还要坐牢呢！

有哪些情况是禁忌呢？赶紧来一起看看吧。

第一条是同姓不同婚，就是男女姓氏一样是不可以结婚的。如果你叫王二，你看上的姑娘叫王三，那你们是不能结婚的。要是非要违规结婚，那要被判刑两年。

第二条是男女双方有姻亲服属关系不能结婚。这个说起来比较复杂，要牵扯到内外亲、尊卑、辈分等方面的问题，简单说就是不能跟你的亲戚结婚，比如舅舅不能跟外甥女结婚，姨和外甥不能结婚。万一就有人违反了这一条，在法律上要以奸论处，处罚完了还不行，还得强制离异。如果结婚双方的亲戚关系再外一层，比如和父母的姑舅、两姨姊妹或者堂外甥女之类的结婚，也要受到处罚，不过比上面论奸的处罚轻一点，要打一百杖，然后强制离异。不过在亲戚中，姑表、舅表、姨表兄弟姐妹之间结婚的话，是可以的，不会受到惩处。

第三条是男子不能娶亲属的妻妾，违反者也要受到相应的处罚。不过也有例外，那就是兄弟死后，兄收弟妻，弟收兄嫂，这种情况不在禁止之列，而且在唐朝还挺常见的。还有一种情况，那就是在帝王之间，帝王是国家的统治者，他们如果要娶亲属的妻妾，也没人拿他们怎么样。唐太宗在他的弟弟李元吉死后，把李元吉的妾纳作自己的妃子。还有唐太宗死后，高宗皇帝把武才人纳作了自己的妃子。

第四条和我们今天的法律一样，那就是有了妻子不能再娶，也就是不能重婚。要是犯了重婚罪，男的要判刑一年，女家要减一等。如果要是用欺骗的方式说自己未婚，而与别人结婚，那么要罪加一等，从严处罚。被欺骗的那一方如果不知情的话就不用坐牢。不过仍然需要解除婚姻关系。

第五条是不能摆错妻和妾的位置。就是说不能把妻子当成妾，也不能把妾或者婢女当成妻子。因为妻子是明媒正娶的，享有和丈夫同等的地位，而妾和婢女是地位比较低的。如果犯了把妻子当作妾或者把妾、婢当作妻的罪，要坐一年半至两年不等的牢。不过也有例外的情况，那就是婢女被主人放良后，这时如果被纳为妾，那就不算犯法了。

第六条是不能在父母丧亡的丧服期结婚，也就是在父母死后的三年内不能结婚。如果父母先后去世，那么子女就要五六年不能结婚。这条法律也同样适用于夫妻之间。夫妻中有一方去世，另一方半年内不能结婚。还有就是如果家族的长辈，如祖父母、父母等犯罪入狱，在坐牢期间，子孙也不能擅自结婚，不然也要受到法律的惩罚，判处坐三年以下的牢。不过呢，上述这些情况里，如果是在父母的命令下结婚，那么就不用承担法律责任了。

第七条是针对父母的，如果一个妻子在丈夫死后丧服未满的时候，她的父母不得逼迫她嫁给别人，否则就是触犯了法律。如果过了丧服期，父母命令女儿再嫁，女儿就应该从命了。但是只有父母和祖父母的命令有效，其他亲属的命令不必一定遵从。

第八条是如果丈夫去世了，那么妻子如果没有子嗣，就可以再嫁；如果已经有了孩子，就不得再嫁了。不过这条是有适用范围的。一般五品以上的官员家庭需要遵守，一般的平民百姓就算女子在夫亡后再嫁也是被社会所接纳的。

第九条是针对官员的。官员在其治权范围内不得娶民间女子为妻或者妾。比如县令就不能在本县娶民间女子。这条规定的目的是为了防止官员滥用职权强抢民女。

第十条是针对婚礼本身的，婚礼必须按照礼法举行，不能胡来。结婚时必须写下“婚书”，就相当于我们现在结婚要去民政局领结婚证。在男方向女方大聘之后，婚约就形成了。不可以悔婚。如果婚礼违反了礼法的话，那么主婚的家长和媒人都要受到处罚，家长的处罚重一些，媒人的处罚稍微轻点。

第3章

人分三六九，丧葬也得分等级 | 不同阶层的丧葬

你在唐朝经历了红喜事——结婚娶媳妇，而且还是男主角。不久你要去参加一个白喜事了，不过这次的主角可不是你。你妻子家族中的一位长者去世了，你得陪同妻子一同去参加葬礼。在去之前，快点先了解一下唐朝关于丧葬的习俗吧。

在唐朝这个封建社会，人活着的时候被分成三六九等，死了之后呢，也得分等级。这死后的等级体现在很多方面，首先是去世的说法。相信你肯定在电视剧上看到和听到过“皇帝驾崩”的场景，没错，皇帝去世叫作“崩”，灵柩尚未出葬之前叫作“大行”；诸王去世叫作“薨”；五品以上的官员去世叫作“卒”；六品以下的官员和庶民去世叫作“死”，跟我们现在的通俗说法一样。除此之外呢，还有一些特殊的说法，比如称男子去世为“弃手足”，妇人去世叫作“弃堂帐”。怎么样，从没有听说过吧？还有出家人去世也有特定的说法，和尚去世叫作“圆寂”“示寂”“寂灭”“迁行”“迁化”；道士去世叫作“羽化”“仙逝”“遁化”“解驾”等。你妻子那位去世的长辈是位庶人，那么说法就是“死”了。

除了去世的不同叫法，丧葬的不同等级还体现在坟墓的叫法和规格上。还是从皇帝说起，皇帝的墓地叫作“陵”“园陵”“山陵”，百官以下叫作“墓”。墓还有墓田，这墓田的大小也根据墓主人身份的不同等级而有所不同：一品官员的墓田占地方圆九十步，二品官员的墓田方圆八十步，三品到五品的官员依次减去十步，六品以下的二十步，庶人没有墓田。就连坟的高度都跟死者生前的等级有关！一品官员的坟高一丈八尺，二品官员的坟高一丈六尺，三品到五品的官员的坟依次各减二尺，六品是八尺，庶人四尺。唉，这身在唐朝，活着的时候名字不能乱起，婚不能乱结，死了连坟都不能乱修，也是不容易！

你以为这就完了？不，这还只是一部分。唐朝对坟墓的外表有要求，对里面的陪葬物也是有要求的。三品以上的官员可以陪葬明器九十件，五品以上是七十件，九品以上四十件。丧葬的时候所用的人夫数量也有规定：三品以上的大官给一百个人，五品以上的给五十个人，六品以下的三十个人。此外，对国家有功的功臣在死后还会有特殊的待遇，比如皇帝为之暂停早朝、陪葬在皇陵两侧等等。

总之啊，生前地位高，去世也风光；生前无地位，死后也默默。

整个丧礼的仪式和过程也给你介绍一下。唐朝的丧礼在入土前有这几个步骤：入殓、殡、葬。跟我们现代的葬礼差不多。

入殓就是给死者穿衣服，然后放入棺材中。入殓要分为“大殓”和“小殓”。小殓也叫“搭衣架”，就是给死者擦洗干净身子，穿上衣服。大殓是指给尸体穿上衣服之后，将死者放入棺材。在入殓的时候，还要在死者的嘴里放些东西，这东西也得根据主人生前的等级放！富贵人家嘴里要放珠、玉、璧等贵重物品，平民的嘴中要放米粒。这也是为什么我们常常看到盗墓小说里盗墓者要从尸体的嘴里掏东西。富贵的人家用的棺材的质地也是很讲究的，五品以上的官员可以在棺木外面涂上漆。

入殓完毕之后，还得将棺材停放在家里一段时间，这段时间就叫作“殡”。在停殡的日子里，死者五服之内的亲戚和朋友等要来吊唁，向死者的家属表示慰问。死者的家人要根据亲疏关系服丧，也就是通常所说的披麻戴孝。

出葬要选在吉日，棺材从出门到下葬的地方，这个过程叫作“送葬”，也叫作“出殡”。这一路上要奏哀乐，还有人穿上专门的衣服跳着祛除邪祟的舞。送葬的亲友要披麻戴孝或者穿着白色缟素的衣服，坐着车或者步行，跟在棺材左右慢慢地走。妇女们要哭泣，哭泣的时候，要么在帷帐里，要么用扇子遮着脸。一行人一路上唱着挽歌一直到下葬的地点。等到将灵柩送入墓穴，这整个过程才算是结束。结束了以后可不能各回各家，还要去办丧事的主家吃饭，这顿饭可没有大鱼大肉，都是素斋。不过酒还是要喝的，而且要大醉方休。这在唐朝叫作“出孝”。

第4章

参加完葬礼就完事了？不！还得守孝三年 | 守丧

你在唐朝参加完葬礼，吃完了素斋，就可以和妻子一起回家该干什么干什么了。但是死者五服内的亲属还需要服丧。这服丧也是根据关系亲疏有不同的时间规定的，由亲到疏分别是斩衰、齐衰、大功、小功、缌麻。这五种也叫作“五服”。

这其中，斩衰是最重的服，是用最粗的麻布缝成的，无缉边，断处外挂，是三年丧所穿的衣服。适用对象是诸王为天子、臣为君、子为父、未婚的女子为父、妻子为丈夫。排在第二的是齐衰，穿的衣服也是用麻布做的，衣服有缉边。齐衰又分为三个等级：一年期、五月期和三月期。一年期的适用对象是孙子为祖父母、夫为妻；五月期的适用对象是玄孙为曾祖父母；三月期的适用对象是重孙为高祖父母。排在第三的是大功服，大功服是用熟麻制成的，服期是九个月，适用对象是堂兄弟、未嫁堂姐妹、已嫁姑姐妹、已嫁女子为伯叔父、兄弟；小功服期五个月，也是用熟麻制成的，比大功要细，适用对象是本宗为曾祖父母、叔伯祖父母、堂伯叔父母、未嫁祖姑、兄弟妻等等；缌麻是五服中最轻的一种，丧期只有三个月，适用对象为本宗为高祖父母、曾伯叔祖父母、族伯叔父母等等。

平日里服丧，忌日里干什么呢？

唐朝人民对于忌日是很看重的，在皇帝的忌日，也就是国忌，官府不准行刑，百姓不准饮酒作乐，连荤菜都不能吃。违反者要承担法律责任。在臣子和庶民的忌日里，人们也需要祭拜祖先，不能饮酒作乐。这个规矩得终身遵守。官员士大夫的家里如果遇上了亲人的忌日，还要接受亲友和同事官僚的吊唁，以表悼念。

唐朝对于守丧这件事还有法律的规范，防止有人不遵守。法律规定如果父母去世，那么儿女在服丧期内必须穿孝服，不喝酒不吃肉。直到三年期满才可以脱掉孝服穿上吉服，这叫作“从吉”。法律还规定，在服丧期内，有官职的人必须离开官场，回家去守孝。不可以在服丧未满的时候去吏部参选。没有官职的平民不得隐瞒父母去世的消息去参加科举考试，也不可以去参加宴会，饮酒作乐，更不允许在丧期内娶妻生子，这点我们在前面的章节提到过。综合一下这些丧期禁忌，我们可以设想一下，如果有个人，性别为男，正值年轻，尚未娶妻，有个小官职。可是他突然先后经历了父母之丧，那这个人就太悲剧了，因为第一，他先后失去了两位至亲，痛上加痛；第二，他在服丧的这段时间（五六年左右）是没法继续在官场上摸爬滚打的，更别谈升迁了；第三，守孝期间他也没法娶妻生子，可能得熬成个大龄剩男了。这段经历也就是守孝期间的礼法，叫作“丁忧”。

虽然有了法律的约束，但总有人要去触犯法律。那这些不守礼法的人会受到怎样的处罚呢？如果在服丧期间嫁娶，要被抓去坐三年牢，结成的婚姻被判处无效。如果在服丧期间为家人主持了婚事，要被拖下去打八十大板，打到屁股开花。而对于不守礼制的官员的处罚，就更加严厉了。曾经有一对陆氏兄弟，家里是做官的。这兄弟俩在父母丧期内打扮得花枝招展去坊市饮酒作乐，被人发现并且揭发了。而这兄弟俩受到的处罚呢，是各打四十大板，赶出京城。还有更血腥的例子，原州司马聂屿在妻子去世半年后就再婚了，事情被揭发之后，当时的皇帝下令就地处死！这处罚是非常重的了，根据法律是不必判处这么重的，不过官员不守礼法，是可以重罚的。这也可以看出唐朝人对于居丧守礼的重视程度。

第十一篇

唐朝的宗教文化

你在唐朝信奉什么宗教？要知道佛教和道教才是主流哦。

第1章

佛祖很忙|佛教文化

你到唐朝成了一名僧侣，又该了解点什么呢?

既来之，则安之。这儿环境还挺好的。这寺庙的外面，跟咱们今天去参观的那些个寺庙都差不多，都是先有个山门，山门后面是个大殿，大殿里面有佛像。那僧侣们的生活区呢?这在今天的寺院景点是不对外开放的，快趁着这个机会进去看看吧。

寺庙里的好卧室，也就是单间，是给主持和香客、游人准备的。你们这种小沙弥，还是要多在集体生活中历练历练。

你从卧室出来，又去了厨房。外面劈柴的小和尚见了你，问了好就继续劈柴了。你进去转了一圈，发现除了锅碗瓢盆以外，就只有几样简单的蔬菜。除了肉以外，酒也是寺庙的禁忌之一，你可千万要记得戒酒。

除了吃饭，睡觉，和尚们还要做功课。这做功课可不是你在现代还是个小少年的时候背课文做题目的那种，和尚的功课是这些：坐禅、课诵、布萨、安居、自恣。听起来好新鲜啊，快去看看是干什么的吧。

坐禅你应该是比较熟悉的了，《西游记》里唐僧和妖怪坐在半空中比试坐禅的情节还是很精彩的。坐禅可以是在特定的时间集体开始，也可以是自己一个人坐着冥想。

课诵就是念经，这课诵一般是早晚各一次，早上念的是《大悲咒》《十小咒》《心经》等，晚上一般念的是《佛说阿弥陀经》等。

布萨呢，你可以简单地理解成检查自己有没有犯规。每半个月由寺里的高僧向和尚们重申一下寺里的清规戒律。每说完一条就要问下面的僧众“有犯否”，众僧听到问“有犯否”，要齐声回答，并且借此机会对自身做出检讨。

安居是一种封闭寺庙的行为。通常每年的冬三月和夏三月，寺庙会暂停一些业务，比如接待访客、外出化缘等等。所有的僧人要暂时与世隔绝，每天念经打坐听高僧讲课，一心一意地修行。

自恣是安居的后续活动。每年的夏三月的安居结束以后，会举办自恣活动。僧侣们可以互相批评，也可以自我批评，总之就是尽情挑错的一个活动。不管谁批评了你，或者甚至是诬陷了你，你都不可以为自己申辩，而要由两位活动的主持者来进行审判，要是判定你没有犯错，那就没什么事；要是判定你确实犯了错，那就要接受惩罚了。

你感觉这寺庙里的活动还是挺丰富的嘛，站在山上看着远方影影绰绰的寺庙，你是不是觉得唐朝的佛教还是很酷炫的？

其实啊，你只是看到了表面而已，唐朝佛教的兴衰，都是由政治因素所决定的。

其实唐朝最推崇的宗教是道教。唐朝也是第一个明确地将道教置于佛教之上的朝代。这是因为道教的创始人老子名叫“李耳”，而唐朝统治者也姓李，这下好了，认起亲来了。于是道教得到了唐朝统治者的推崇。而佛教的命运，就起起落落了。

其实唐朝的一些皇帝还是很精明的，懂得在宗教之间取得平衡，比如说开国皇帝李渊。李渊虽然自己崇尚道教，但他的妻子独孤皇后信佛。李渊深知佛教在社会各阶层人士间的地位是不可撼动的。

到了唐太宗时期，他用实际行动来表示，朝廷对佛教还是护持的。为了庆祝登基后的第一个新年，贞观二年（628 年）始，唐太宗邀请了京师很多的高僧来到皇宫，举行了七天的法会。还是很会笼络人心的呢。贞观十五年（641 年），唐太宗亲自来到弘福寺，与僧人论佛道。他说：“今李家据国，李老在前；释家治化，则释门居上。”这是他第一次平等地对待佛教，或许这只是政治上的一种谋略。因为唐太宗需要佛教来教化人心，而且他深知佛门确实有一些博学之士，能够为他所用。比如释明瞻。释明瞻是一个三教皆通的大学问家，唐太宗对他相当看重，曾召他入内殿谈话。释慧乘等，博通内外，涉猎经史，也为太宗所接纳。还有后来的玄奘西天取经，也可以看出唐太宗对于佛教的态度。

武则天是真正崇佛的皇帝。因为武则天取得政权后，为了弱化李唐王朝的影响，便把道教的地位放低了，而采用佛教的思想来治理国家。由于武则天是女皇帝，此时社会更加开放，女性有更大的自由，出家为尼的女性也更多，全社会普遍崇尚佛教。佛教的发展达到了一个高潮。

武则天时代，《华严经》的翻译以及弘扬是显教修行在中国达到最高峰的标志。在那一时期，除了弘景、法藏等高僧外，还出现了中国佛教史上最伟大的人物——六祖惠能大师。武则天时代，不但皇帝皇子修学佛法，连宫中太监都修法，到处有人坐禅习定，一片佛国气象。武则天在崇佛的同时，也没有过分贬低道教和儒教。相反地，在武则天时代，是历史上第一个实现“三教平等”的时代。

然而在安史之乱时期，佛教在唐朝的发展一度陷入了困境。

经历安史之乱之后，唐王室遭受严重的损失，社会经济受到毁灭性的打击，由于各地节度使独揽地方财政，国库曾经一度空虚，无法满足军需。为了补缺空虚，不管是朝廷，还是地方官员，都开始想起了歪点子，那就是开始掠夺佛教的财富。各地大量出卖度牒。天宝十四年（755 年），宰相杨国忠曾派遣官员到太原收取度僧道所得的钱财，短短几十天就募得百万缗钱。至德元年（756 年），朝官裴冕和郑叔清建议出售“空名告身”，授予官爵邑号，因此度僧尼无数。朝廷靠出卖度牒得来的钱，被称为“香水钱”。

出卖度牒的制度一直持续到唐末，给佛教带来了极为深重的打击。裨贩如来，拿佛菩萨来做生意，这一直是佛陀最反对的。出卖度牒，俗人出家不须经过考试，直接影响了僧尼的整体素质，由于出现了很多只顾世俗利益的假和尚，他们不通佛法，只知道借佛敛财、求功德利益，败坏佛教形象。

安史之乱期间，叛军甚至官府在抢掠寺院财物的时候，捣毁了许多佛经和高僧的注疏论著，造成了不可估量的损失。很多隋唐时候才建立起来的佛教宗派，如法相宗、华严宗和禅宗北宗等，渐渐走向衰败；很多出家人根本不守戒律，律宗的弘扬也受到了很大的影响。

到晚唐时期，佛教又遭遇了一次灾难，那就是唐武宗皇帝灭佛事件。唐武宗在位时期，有一场道教和佛教的辩论大会，辩题是“论治大国若烹小鲜义”。代表佛教的知玄法师登座，大陈帝王理道、教化根本，辩说精壮，道士之流都辩不过他。知玄法师对皇帝说“神仙羽化山林匹夫独善之事，非帝王所宜留神”。渴求长生不老得道成仙的唐武宗听后不高兴了，但是他虽然脸上愤愤不平，却还是把知玄法师放回去了。

同年正月初三，唐武宗声明要将那些有戒行的僧尼移到大寺院。又下令让功德使检查富有的寺院，给它们留下日常必需品外，其他物品全部变卖。这是用冠冕堂皇的理由公开地抢夺佛教的资产来充盈国库啊！

同年三月，唐武宗又颁布了两道荡除佛教的诏书，一道关于剥夺寺产，规定“诸寺钱物，兼货卖奴婢赎钱，并皆官收，拟充百寮禄料”；另一道关于僧众还俗，规定天下僧尼四十岁以下者必须还俗。不久又敕令，天下僧尼五十岁以下者必须还俗。

从同年的四月一日开始，皇帝诏令检校天下寺院僧尼人数。长安开始办理四十岁以下的僧尼还俗，每天办理三百人，十五天内完成；从十六日开始，办理五十岁以下到四十一岁的僧尼还俗。官府检查度牒时，僧尼都不得离开寺院，否则将处以极刑。还有人建议将长安僧尼全部斩首，一些官员极力相劝，才避免此惨剧的发生。

五月，唐武宗敕令两都左右街，留寺四所，僧各三十人。天下州郡各留一寺，上寺二十人，中寺十人，下寺五人。当时因拆除寺院受苦最深的除了无依无靠的奴婢外，还有寺院的慈善机构“悲田所”收养的年老体弱者。李德裕建议将佛教的“悲田所”改为“养病坊”，从没收的田地中拿出一部分来，作为他们生活的来源和依靠。唐武宗接受了这个建议。还算有一点点良心。

五月份，功德使下令没有度牒的外国僧人回归本国，规定违抗者将被处以极刑。这等于将生活在中国的外国僧人集体流放。日本僧人圆仁在五月十三日接到这一命令，当晚就换了俗衣。两天后离开长安，踏上日本的归程。

六月底，全国各州的大小寺院已经基本上被拆除或作他用。长安最富丽堂皇的章敬寺、青龙寺与安国寺等，被改为皇家花园；只留下大慈恩寺、荐福寺、西明寺与庄严寺四座寺院，每寺最多留僧三十人。洛阳的情况亦是一样。全国四十一道各允许留寺一座，按照级别可以留僧五到二十人。所以全国加起来包括京都，一共留寺院四十九座，容纳僧众大约八百人。寺院的田产皆被没收，无数佛像被毁坏，无数僧尼流离失所。

但是天无绝人之路，到了唐宣宗时期，佛教又开始恢复元气了。唐宣宗将京都长安保留的四座寺院增加到十六座，并且派杨钦义去访求已经被迫还俗的知玄法师，请他恢复僧人的身份，并入居宝应寺。知玄法师在寿昌节讲赞佛经，为三教首座。唐宣宗把一所旧邸修造成法乾寺，让知玄法师住在里面。

唐宣宗为了表示对佛教的诚敬，恢复了三斋月禁止屠宰的习俗。皇帝诞辰日，僧人们又被邀请到宫中，与道士一道接受内斋和献上祝福。这时的佛教才开始慢慢回转过来。

可见，佛教虽然广泛渗透在民间的各个阶层，是唐朝信仰者最多的宗教，但也难逃统治者对其的打压。不过不管如何打压，佛教慈悲为怀的博爱情怀，还是住进了许多人的心间。民间崇佛的风尚一直都在，求子求福求官求财，都要去庙里拜一拜。佛祖可是很忙的。

第2章

小道这有颗让人长生不老的仙丹，只要998哦！|道教文化

说起唐朝的道教，你的第一印象是什么？是让人长生不老的金丹？还是让人羽化登仙的仙术？还是可以驱魔除妖的“急急如律令”？的确，对于不了解道教和曲解了道教的人来说，道教就是炼丹成仙驱魔求雨，但其实道教的一些思想还是很值得探讨的。

这道教虽然没有佛教的影响力大，但是它有强大的后盾呀！这后盾就是唐朝的皇帝。唐朝初期，由于统治的需要，大力推崇道教。道教对于治国有什么帮助？这帮助可大着呢！唐王朝的皇帝姓什么？对了，姓李嘛！道教创始人太上老君老子姓什么？对了，也是李嘛！这不就得了，同姓一家亲嘛！李唐王朝需要借太上老君的名声来稳定民心，同时，道教的那些神仙思想也为李唐王朝的建立提供了舆论力量。还有非常重要的一点是，道士们那号称吃了可以长生不老羽化登仙的丹药，被统治者们争相追捧。

唐朝出现了很多信奉道教的学者，比较著名的有孙思邈，就是著名的药王，神医级别的人物。他还有一个身份就是道士了。还有八仙之一的张果老。这个人就比较富有传奇色彩了。张果老本名叫做张果，他曾经隐居山中修行。武则天曾经派人去请他出山，他却不肯。后来唐玄宗又派人去请他出山，他这次倒是同意了，跟着使者去了东都洛阳。玄宗请他入宫，问他神仙之事。这个张果老十分神奇，他自己说活了几百年了，但是看上去不过六七十岁而已。他还有一些道家的秘术，给玄宗皇帝试了几次，也都灵验了。于是玄宗很高兴。这皇帝一高兴嘛，不是想送钱就是想送美女，有时居然连自己的女儿也送。这不，玄宗皇帝想把玉真公主嫁给他。张果婉言谢绝了，坚决回到了山里过他自己的隐逸日子去了。

唐朝的道士不仅仅叫道士，也有一些其他的称呼。在唐朝，方士和术士也是道士的别称。而道士们研究的那些道教之术，就叫作方术了。像什么炼形、气功、炼丹、符咒、捉鬼、追魂等等，有的道士还兼职给人行医占卜。

道观是道士修炼的地方，唐朝的道教宫观几乎遍及名山都邑。大部分道观也同佛寺一样位于安静、空旷、风景优美的山林之中，与世俗繁华隔绝，极力营造出道教中的十大洞天、三十六小洞天、七十二福地的境界。道士们在这样清幽的环境清修，再加上吃的也是健康的绿色食品，自然就生活得很健康，自有一种仙风道骨。除了在山林中有道观外，城市里也有，不过也会选址在清幽的地方。甚至，连皇宫里都有道观呢！

事情是这样的，吐蕃王族想要太平公主，武则天觉得这个部落太远了，舍不得把最宠爱的太平公主嫁过去，但是又不好直接回绝。于是就在宫里给太平公主造了个道观，让太平公主“薰戒”，用这个方法来拒绝和亲。于是太平公主就在宫里的道观修行起来了。唐朝的公主，喜欢做道士的还不止一个。金仙公主和玉真公主还结伴去当了道士，她们俩还在京城修建道观，并拜了太平公主的手下史崇玄为师。这下动静可弄大了，毕竟是公主办的道观，老百姓怎么也得沾沾光呀，于是公主的道观每天都能吸引上万人参拜，这是当时京城一件颇有影响力的事情。

这也是奇了，为什么公主会想要当道士呢？其实啊，不只是公主想要当道士，唐朝的很多女性，都想要做道士。这是为什么呢？难道是唐朝的女人们都特别想不开，看破红尘了？这倒也不尽然。其中有几个原因：第一，一些女性为了达到长生不死、羽化升仙的目的，笃信道教，自愿出家为道士。比如宰相李林甫的女儿李腾空就自愿入道，潜心修炼。李白有《送内寻庐山女道士李腾空》二首诗记此：“君寻腾空子，应到碧山家。水舂云母碓，风扫石楠花。若爱幽居好，相邀弄紫霞。”“多君相门女，学道爱神仙。素手掬青霭，罗衣曳紫烟。一往屏风叠，乘鸾著玉鞭。”第二，失嫁或准备改嫁的女子视道观为转身待嫁之所。她们出家当道士并不是真正地信仰道教。女子做了道士便不许婚嫁，但可以随后还俗再嫁人。这其中最著名的例子就是杨玉环了。本来是寿王的妃子，唐玄宗看上了她，便暗示她先入太真观做女道士，然后再召她入宫为妃；第三，有些不愿改嫁的寡妇，进入道观修行，清心寡欲地了度残生，也表明了对去世的丈夫的专情；第四是有些女性为亡灵追福，去做了道士。有些皇帝死了，妃嫔们要被集体送入宫观超度亡灵。民间的很多做法是在道观内度个道名为之追福；第五,一些特殊身份的人，比如妓女和宫女，她们老了之后老无所依，出家为道士，以道观为安生之地；第六,一些女子因为家贫或者家人犯了罪，走投无路，出家做道士寻一口饭吃。有些女子也会为了寻求自由自在的生活而出家，因为唐朝的道教是提倡男女平等的。所以有些不愿受到世俗和男女关系约束的女子会选择出家。

这么一分析，好像女子当道士也挺合情合理的，而且那素雅道服莲冠霞帔，把很多女子衬托得纤尘不染，怪不得鱼玄机出家之后仍有很多人为之倾倒呢！

第3章

掐指一算也叫占卜？你得会烧乌龟壳 | 占卜与相术

刚刚我们讲了道士，下面介绍下所谓的“道术”。第一大类是占卜，其中又分为梦占、星占、杂占等。梦占是依据梦中所见的现象来推断吉凶的方法，类似于周公解梦一类的。第二种是星占，牵扯到天文学了，是根据星象变化与气象是否反常来推测人事吉凶的一种方术。第三种是杂占，这是民间比较流行的一种占卜，没有特定的内容和结果。占卜两个字拆开来看的话，占是观测的意思，卜是烧乌龟壳，通过乌龟壳上面的裂纹的形状来预测吉凶祸福。比如唐太宗在发动玄武门之变之前，还专门烧乌龟壳卜了一卦。

第二大类是相术。而相术又包括相人术、相地术。相人术是通过观察人的形体五官包括头、面、手掌、体形、声音、动作等等，以推测人物福祸的方术。也就是我们通常所说的看相。这看相厉害的人有很多，比如袁天罡就在朝中极负盛名，很多朝中大臣都请他看相。他看到男装的武则天，还说了这样的话，“龙角龙颜，龙睛龙颈，伏羲之相，贵人之极”“若是女，当为天下主”。后来果然应验了。相地术又叫作堪舆术或风水术，是以观察宅舍或坟墓的周围地理风貌来推测吉凶的方术。唐朝人造房子和选择墓地都十分讲究风水，因而风水师在唐朝可是很吃香的职业呢。

第三类是符咒与巫术。符咒是道教的方术，它包括符箓和咒语两种。符箓又包括符章和篆书。符章是一种笔画屈曲变形、似字非字的图形；篆书是记录道教中的天曹、官属、诸神、众鬼之名的秘文。使用符咒可以降魔除妖。

还有一类是杂术，也就是上述各门类以外的各种方术，像什么变化术、遁术、求雨术、祝由十三科等以及一些从道教与佛教发展而来的法术，比如五雷术、六甲术等，还有一些属于民间流传的异术如避邪术等。

这书里还告诉你了这个道理：男女搭配，干活不累。男的呢，就是巫师，女的呢，就是女巫啦，你也可以叫她们巫婆。这女巫能干什么呢？她们能做的事情多着呢！比如，女巫可以在祈雨、迎神、送神等活动中表演跳舞来通鬼神，当然，男巫师也可以跳，不过女巫跳起来“画弦素管声浅繁，花裙綷綵步秋尘”，别有一番风味。除了跳舞呢，女巫还在祭祀活动中担当着重要的角色。因为唐朝的女性地位比较高，所以女巫在祭祀活动中也是很重要的。女巫还擅长演奏乐器。别误会，这可不是在卖艺，这是实施巫术的需要。作法时弹奏乐器可以影响人们的情绪，让人们的心情跟着巫术的行进而变化。女巫们常用的乐器有鼓、琵琶、胡琴等。

唐朝的女巫绝大多数是社会底层的贫家女子，靠巫术来维持生计。通常女巫们还要收徒弟，将她们的巫术一代代往下传。这女巫来自百姓间，自然也就和普通百姓来往得多。谁家要是有人生了怪病，或者是某个地方大旱需要求雨，女巫们就要出门工作了。

除了在平民阶层里讨生活，女巫们还能成功打入上流社会。很多达官贵人家里出了事，都爱找女巫回去作法。有一个好玩的例子，唐朝永泰年间，卢州别驾牛爽的乳母骑驴磨破了屁股，生起疮来，其家人就找来了女巫来给她作法医治。你瞧瞧，生病了不信大夫却信女巫，这古代人的想法也真是奇怪。

事实上，不仅王公大臣相信女巫的能力，就连深宫里的后妃们都是女巫的忠实粉丝。中宗皇后韦氏和她的婆婆武则天一样，有着很强的权力欲望，妄图成为第二个女皇。为了完成她的“霸业”，韦皇后与两位女巫来往密切。她们分别是崇仁坊的女巫阿来和一个姓“第五”的女巫。这两个女巫为她的政治目的而卖力地实行巫术，最终还是没能让韦皇后达成心愿。韦皇后被李隆基杀死后，人们居然在大殿上挖出了巫蛊，看来这韦皇后真是被权力冲昏了头脑，不择手段了。

还有更夸张的，就连一些皇帝都相信女巫的超能力。唐中宗宠信一个姓赵的女巫，不仅授予了她“陇西夫人”封号，还特许她可以在宫里随意走动。这待遇，还真不低。

第十二篇

唱K蹦迪，穿越一样high翻天

作为一个唐朝人，你除了吃喝，还有一些重要的活动——玩乐。这玩乐的花样可就多了，你可以去听歌女唱歌，看舞姬跳舞，可以去寺庙里看戏和杂技表演，还可以上门和朋友摆上一盘棋，甚至可以出去踏踏青踢踢球，说不定还能吸引一个秋千架上身轻如燕的小娘子呢！

第1章 一唱一跳，声色俱全|歌舞文化

哥们儿，你在唐朝这么久了，闷得慌吗？你有多久没看过电影了？有多久没玩过游戏了？有多久没发过朋友圈了？有多久没刷过微博了？

别一副郁郁寡欢的样子，唐朝有唐朝的娱乐方式。走，带你去听唱歌看跳舞。

这是一个有钱人的宴会。有钱人嘛，钱多得花不完，经常宴请当地名士文人一起喝酒侃大山，看看这满桌的水陆珍馐，简直让人口水直流啊！

丝竹管弦声响起，美丽的歌姬闪亮登场。只见她轻启朱唇，美妙的音符便从口中飘了出来，飘到了座中每个人的身边。哦，听着这美妙的小曲，真是酒不醉人人自醉啊！

别光顾着陶醉啊，你知道这歌姬唱的是什么吗？不知道你待会儿怎么去搭讪啊？听好了啊，这叫作“曲子”，是诗歌和音乐的完美结合物，即按照一定的格调填词再唱出来的。

这一曲唱罢，在座的人中有人站起来要来纸笔，按照刚刚那首曲子的格调，现场填了一首歌词，交给刚刚那位歌姬吟唱，引来阵阵掌声。怎么样？拉风吧？要知道当时的文人可是把歌姬能唱自己填的词当作一种光荣呢。

下面我们再来介绍一下唐代著名的乐曲和音乐家。

《霓裳羽衣曲》相传是唐玄宗作曲，在唐宫廷中备受青睐，是盛唐时期最重要的宫廷音乐舞蹈之一。唐玄宗亲自教梨园弟子演奏，由宫女歌唱，霓裳羽衣舞跳得最好的是玄宗宠妃杨玉环。

“昔有佳人公孙氏，一舞剑器动四方。观者如山色沮丧，天地为之久低昂。

爧如羿射九日落，矫如群帝骖龙翔。来如雷霆收震怒，罢如江海凝清光。绛唇珠袖两寂寞，晚有弟子传芬芳。临颍美人在白帝，妙舞此曲神扬扬。与余问答既有以，感时抚事增惋伤。先帝侍女八千人，公孙剑器初第一。五十年间似反掌，风尘澒洞昏王室。梨园子弟散如烟，女乐余姿映寒日。金粟堆前木已拱，瞿塘石城草萧瑟。玳筵急管曲复终，乐极哀来月东出。老夫不知其所往，足茧荒山转愁疾。”这是唐朝大诗人杜甫为公孙大娘写的诗，据说杜甫在年幼时曾经看过公孙大娘表演的剑舞，深为震撼。成年后又看到了公孙大娘的传人李十二娘跳的剑舞，于是想起从前公孙大娘的舞蹈，不由感慨万千，写下了这首诗。

还有一个人也是看了公孙大娘的舞蹈，创造出了很好的作品。那就是唐朝草书大师张旭。张旭看了公孙大娘的舞蹈之后回到家里，脑海中还回想着公孙大娘那出神入化的舞姿，突然，他仿佛领悟到了什么，将手中的笔想象成公孙大娘手中的剑，创造出了落笔走龙蛇的绝世书法。

看来这公孙大娘的舞蹈确实神奇啊！快看看你穿越的时间对不对，若是与公孙大娘在同一时期，那一定要去一睹风采，说不定也激出了你的某些惊世才华呢！

说完了音乐家我们再介绍唐朝的音乐机构。

唐朝的宫廷里设有教坊和梨园，是专门为皇帝培养音乐舞蹈方面人才、提供舞乐表演的机构。在教坊中，普通的女艺人叫作“官人”，等级高的女艺人叫作“内人”或者“前头人”，意思就是经常在皇帝面前表演的人。这些高等级的女艺人隶属于专门的机构“宜春院”。而梨园则是当时宫廷训练和管理乐舞杂戏的专门机构，由风流皇帝李隆基亲自创立，他挑选了几百个最优秀的乐师和宫女组成一个庞大的皇家乐团，而梨园，可以说是我国第一所综合性的皇家音乐舞蹈戏曲学院。

每当玄宗皇帝又创作出了新的曲子，就交给梨园去演奏。如果梨园的艺人们演奏中出现了错误，唐玄宗还会亲自给他们指点出来。在舞蹈方面，宫廷的艺人们也是不遗余力地秀出十八般武艺哄得皇帝开心。艺人们的舞蹈表演形式多样，有独舞、双人舞、群舞等，有些大规模的群舞甚至需要几百人同时演出，这场面该有多壮观，请自行想象。

第2章

唱乏了，跳累了，舞台上来点新鲜的 | 戏剧与杂技

说完了歌舞我们再说说唐代其他的娱乐活动。除了歌舞，唐代还有一些其他的娱乐活动，比如戏剧与杂技。

唐朝是没有专门的戏院、戏园子的。但是寺院里却有戏场，知道为什么吗？难道是怕这些和尚天天吃斋念佛会无聊得发疯，专门给建个演戏的地方丰富他们的精神世界和文化生活？你又想多了。其实啊，这寺院里建戏场是因为每年的春夏秋三季，寺庙里都要开一次“俗讲”。这俗讲就是讲故事给百姓听。你可别小看了这个活动，它可以吸引很多人。为了避免因地方狭小而发生踩踏事件、打架事件等恶性事件，就在寺庙里修建起戏场来啦。修好之后，除了和尚给大家讲故事，附近要是有什么文艺演出，大多会在这里举行。所以拉你来寺庙看戏也就是这个道理啦。

你和朋友来到了热闹的戏场，台上正在演着“参军戏”。这参军戏在当时很受大众欢迎，形式有些类似现在的相声。台上的两个演员，一个捧哏，一个逗哏，一个叫“参军”，一个叫“苍鹘”。

除了戏剧，唐代还流行杂技。

只见台上站着一个老人和一个孩子，那老人笑吟吟地说要让身边的孩子上天宫偷王母娘娘的蟠桃。这可把你惊讶坏了，唐朝人这么会玩吗？吹牛都不打草稿的！老人说完，拿出一根绳子抛向了天空，真是奇了：那绳索竟然笔直地伸向了天空，仿佛空中有人伸手拉着似的！你屏住呼吸看着台上，只见那孩子抓起绳索，几下就翻上云端不见了踪影。没一会儿，天上就掉下了几个桃子，围观群众纷纷欢呼起来，突然，那孩子大叫一声，你抬头一看，天上正在往下掉落血迹斑斑的四肢、身躯、头颅！观众非但不害怕，反倒叫起好来，一会儿那孩子竟然安然无恙地站在台上！原来刚刚的一切都只是一种名叫“绳术”的杂技而已。

这唐朝虽然没有高科技，可有的是人才呢，在这里生活，没有电脑电视手机，却有戏剧杂技魔术的精彩。

第3章

下棋与赌博|博弈文化

这戏剧杂技虽好，可也不能天天演吧。

我来给你个建议，你去博弈吧。博弈呢，就是下棋和赌博。围棋会吗？你去你朋友家下几盘棋吧，既能打发时间又能开发智力。你知道吗？下围棋可是唐朝一项很风靡的全民活动呢，不只大人喜欢下，连小孩都喜欢下呢。当然围棋运动的火爆程度还跟统治者的大力提倡有关。唐朝的皇帝大都爱下围棋，最痴迷的大概是唐太宗李世民了，他还专门为围棋写过两首诗，其一云："手谈标昔美，坐隐逸前良。参差分两势，玄素引双行。舍生非假命，带死不关伤。方知仙岭侧，烂斧几寒芳。"其二云："治兵期制胜，裂地不要勋。半死围中断，全生节外分。雁行非假翼，阵气本无云。玩此孙吴意，怡神静俗氛。"

唐朝围棋实行的是座子制，也就在四个星位各先放黑、白二子。下棋的顺序是白先黑后，计算胜负的原则是多子为胜。

提起围棋，就不得不提起王积薪这位围棋国手。据说他当时不管走到哪里，都随身带着围棋，遇见会下棋的人，不管对方是什么身份，都要跟人家对弈。后来他在深山里迷路，在一户农家落脚借宿。半夜里，他听见这户人家的两个女人在黑暗中下棋。两个人一个住在东间，一个住在西间，却可以通过对话来下棋。王积薪默默地记下了她们的下法，回去后努力钻研，棋艺又有了长足的进步。

除了下棋，你还可以去赌博。

唐朝的赌博有很多种，其中最流行的呢，有两种，樗蒲和双陆。先说樗蒲吧。樗蒲玩起来需要五枚骰子，这骰子的形状跟我们今天玩的不一样，是硬币形状的。颜色有黑有白，称为“五木”。玩的时候需要掷骰子。掷出全黑的叫作“卢”，这是最高彩；掷出四黑一白的叫作“雉”，是第二高的彩；其余四种称为“枭”或“犊”，是杂彩。共有枭、卢、雉、犊、塞这五种排列组合。掷到高彩的，可以连掷，或打马，或过关，杂彩则不能。规则大致就是这样，这也是纯凭运气的赌博了，祝你好运吧！

另一种流行的赌博叫作“双陆”，这双陆也是一种棋，属于双人游戏。一共有十二个棋子，每人六个棋子，另外还有两个色子。按照投出的色子的点数来决定谁先走棋。别看双陆这玩意只是个小小的棋类游戏，它的吸引力可大着呢！根据唐朝的一本笔记小说《朝野佥载》记载，当时见州有叫潘彦的人，酷爱玩双陆，走到哪里都要随身带着。有一次他在渡海时不幸落入水里，却不肯把双陆棋扔掉，只好手持着双陆棋盘，嘴里衔着双陆棋子，硬是在海上漂了两天两夜。

关于这赌博，还有一则宫廷趣事。这则趣事跟唐太宗有关。唐太宗有个小妹妹丹阳公主。这丹阳公主对自己的夫婿薛万彻十分不满意。为啥？其实，是公主嫌弃自己的丈夫过于愚笨了。毕竟不是每个黄蓉都愿意嫁给郭靖的。但是没办法啊，皇帝赐的婚，还敢离了不成？这丹阳公主没有办法，只能好几个月不跟驸马同床来表达自己的不满。这本来是夫妻间的事，可不知怎么的传到了太宗皇帝的耳朵里。唐太宗命人置办了一桌酒菜，请丹阳公主和薛万彻来宫里吃饭，吃完饭之后还不让他们走，拿出握槊让这夫妻二人玩了起来。握槊是一种类似双陆的博戏。连玩几次，丹阳公主都输了，愿赌服输，于是就解开身上的佩刀送给薛万彻。太宗皇帝眼看这夫妻二人玩得很开心，关系得到了改善，十分高兴，让他们夫妇二人愉快地回家去了。这唐太宗还给人家小夫妻做起了调解工作，只不过这调解做得很有水平，在游戏中证明了薛万彻没有丹阳公主认为的那么笨，无声无息地化解了夫妻间的矛盾。高，实在是高。

第4章

别宅啦，外头玩去吧！|体育运动

你在唐朝闲得没事做，就想出来走走。

看！那儿有人在踢球呢，过去看看吧。原来是一些人在玩蹴鞠啊。蹴鞠就是最早的足球。不过唐朝的蹴鞠质量比较轻，球内的填充物是动物的尿泡，所以质量轻了许多，可以踢得非常高。王维有诗云："蹴鞠屡过飞鸟上，秋千竞出垂杨里。"看看，都欲与飞鸟试比高了。因为蹴鞠轻了许多，连一些活泼的女子也开始玩起来了。不仅像你这样的市井百姓喜欢踢蹴鞠，就连一些达官贵人甚至是皇帝都喜欢踢呢。要是不信啊，你壮着胆子爬上哪个大官府邸后院的围墙，说不定就能瞧见平日里威严的大官此刻正大汗淋漓地追着球跑呢。有很多皇帝也好这项运动呢。比如唐文宗，就喜欢常常爬上"勤政楼"居高临下看别人踢球和摔跤。看来这还真是一项全民运动呢。

这蹴鞠虽好，可还不够激烈啊。你想玩更刺激的吗？走，我带你去打马球。这打马球的场地十分开阔，大概有现在的三个足球场那么大。因为要骑着马活动，地儿不够大怎么施展得开嘛。打的时候分为两队，每队五到十个人左右。双方队员要骑在马上用杆将球击入远处的球门。这个过程说起来很容易，打起来可是技术含量很高的。而这马球呢也是风靡了很多朝代，吸引了一大批铁杆球迷。

这马球够给力，皇帝也疯狂啊！且看这首诗："宫殿千门白昼开，三郎沉醉打球回。九龄已老韩休死，明日应无谏疏来。"这三郎就是唐玄宗啦，这位皇帝不仅爱美人，对马球也是情有独钟呢。他年轻时还没有当上皇帝的时候，还参加过和吐蕃对决的马球赛，而且最终大获全胜。

不过有的皇帝就没那么幸运了，甚至为马球丢了命。唐穆宗李恒就是这样一个倒霉蛋。他就是个超级球迷，最后因为打马球受伤不治而亡。真是让人叹息啊！所以呢，任何事情都要有度。

除去蹴鞠，唐朝还流行其他户外运动吗？答案就是拔河！这运动还真是挺有现代气息的。只见两队小娘子人数相当，看服饰装扮肯定是大户人家的小姐们。旁边的婢女小厮没有参赛，站在旁边扯着嗓子为自家小姐加油呢。且不说最终的结果怎么样，这女子拔河可真够稀罕的。你一定想起了小学运动会上，拔河的可不都是男孩子吗？告诉你，在唐朝，拔河这项运动的主力军可是女子。不只是民间女子，就连深宫里的宫女们也十分喜爱拔河。据说唐中宗李显曾经在玄武门和近臣一起看宫女拔河。可见这是个多么入流的运动。

第十三篇

没事别犯法，进去了可没人保你出来

听过唐朝的酷吏吧？是不是闻风丧胆？怕就别犯法，就算你再馋，也不能去吃牢饭吧！吃货可不是这样炼成的。

第1章

法律无情，还是乖乖做个良民吧 | 唐朝法律

唐朝统治者吸收了隋朝灭亡的教训，认识到“水能载舟，亦能覆舟”这一哲理，为了实现社会的长治久安，注重“德”和“礼”在国家治理方面的重要作用，并确立了“德礼为政教之本，刑罚为政教之用”的立法指导思想。德，在这里主要是指君主要以“宽仁治天下”；礼，主要是指以封建纲常对臣民进行教化。就是说要用礼仪教化作为治理国家的基本方法，而以刑罚制裁作为治理国家的辅助手段，德刑相济，礼法并用。

把礼义教化确立为治国的基本手段，并辅之以刑罚，听起来是不是很先进啊。唐王朝在我国历史上是一个繁荣昌盛的封建王朝，从建立以来，其政治、经济、科学文化都得到了空前的发展，是继两汉之后又一个强大的封建王朝，也是当时世界上最大的文明国家之一，先后出现了“贞观之治”“永徽之治”“开元盛世”等局面，成为中国封建发展史上的一个高峰。在这期间，唐朝的法制也趋于成熟和定型，并且奠定了唐以后封建法制的基础，被世界公认的中华法系就是在唐代形成的。

唐朝法律也就是唐律，有广义与狭义之分。广义的唐律是唐代律与律疏的总称，是个集合的概念，包括《武德律》《贞观律》《永徽律》《开元律》及其《律疏》等一系列律文与律疏；狭义的唐律单指《唐律疏议》，因为《唐律疏议》是中国保存至今最系统的封建法典，同时又是封建法典中最有代表意义、影响最为深远的经典之作，而且还是现存的唯一一部唐代法典。

唐律提倡“一准乎礼”，德礼为主，同时“宽仁慎刑”，就是提倡轻刑，对犯罪者处刑取慎重态度。最典型的例子就是关于女性罪犯怀孕时期的刑罚处罚的规定。唐律规定，如果一个孕妇犯了罪被判处死刑，虽然不能因此减刑，但是要在分娩后一百天才能执行死刑。如果执行刑罚的官员没有按照唐律的规定提前执行了该女性罪犯的死刑，那么这个任性的官员就要受到唐律的制裁。如果怀孕的妇女犯了较轻的罪行被判处笞杖刑，也要等到分娩后一百天才执行，如果官员擅自在女犯人怀孕期间用了刑，也要受到唐律的制裁。

唐朝在行政体制上，基本继承了隋代制度，中央继续实行三省六部寺监制度。尚书省设令、仆射，下辖吏、户、礼、兵、刑、工六部，各司其职。唐朝刑部的长官为刑部尚书，下属为刑部侍郎；刑部尚书与刑部侍郎总领刑部、都官、比部、司门四司，而各司还分设人数不等的低级办事人员。

大理寺是中央最高审判机关，审理中央百官犯罪与京师徒以上案件和地方移送的死刑案。刑部为中央司法机关，负责审核大理寺的徒、流案件和地方徒以上案件。

唐朝随着专制主义中央集权制度的加强，监察机关也进一步完备与成熟。唐朝的监察机关是御史台，其下并设台院、殿院、察院。御史台是中央监察机关，负责监察大理寺和刑部的司法活动，监督国家各级官吏是否遵守法律，御史台可弹劾百官，但“每弹之，必先进内状，许，乃可”。

在遇有大案时，常由大理寺卿会同刑部尚书、御史中丞共同审理，叫“三司推事”。唐代中央完整的司法体系，既有明确分工，又互相配合制约，有利于皇帝加强对司法权的控制。

做官也是要被监管的，还是做老百姓好，法律还会照顾你，德礼为主、宽仁慎刑，多好啊。不好意思，那还得看你犯了什么罪，一旦触及统治者利益或者想要动摇他的地位，你会发现你会混得很惨。

听说过“十恶不赦”吗？“十恶”是封建统治者为打击严重危害封建统治秩序的十类犯罪在法典中的具体化和突出体现，总而言之，这些罪很重很重，还是很重，犯了你就倒霉。

作为一名合格的穿越者，你得知道“十恶”指的是哪“十恶”。具体包括“一曰谋反，二曰谋大逆，三曰谋叛，四曰恶逆，五曰不道，六曰大不敬，七曰不孝，八曰不睦，九曰不义，十曰内乱”。

十恶可是重罪，一定要重点解释一下。一曰谋反，是一种图谋、参加推翻封建地主阶级政权的犯罪行为；二曰谋大逆，是一种图谋、毁坏皇帝宗庙、陵寝和宫殿的犯罪行为；三曰谋叛，是一种图谋、背叛国家，投靠敌方的犯罪行为；四曰恶逆，是一种殴打、谋杀尊亲属的犯罪行为；五曰不道，是一种把人肢解、造畜蛊毒物伤杀人、以邪术诅咒人等的犯罪行为；六曰大不敬，是一种危害皇帝的人身安全和尊严的犯罪行为，包括盗窃御用物品、因失误而致皇帝的人身安全受到威胁、不尊重皇帝及钦差大臣等三类犯罪行为；七曰不孝，是一种子孙不能善待父母、祖父母的犯罪行为；八曰不睦，是一种亲族之间互相侵害的犯罪行为；九曰不义，是一种侵犯长官和夫权的犯罪行为；十曰内乱，是一种亲族之间犯奸的犯罪行为。

“十恶”与现代西方的“七宗罪”（暴食、贪婪、懒惰、愤怒、骄傲、淫欲和嫉妒）不同，十恶罪名虽然有十个，但贯穿其中的，只有忠孝两字，违背的正是孔子的“仁”的思想核心，可见儒家思想对中国传统文化影响之深。

对于十恶要严惩，用刑苛重，比如你期待已久的“五刑”，也可以叫作“五大酷刑”，主要包括笞、杖、徒、流、死五种二十等法定刑罚。想知道怎么个严酷吗？少安毋躁，下面章节会给你详细讲解。

俗话说“天子犯法与庶民同罪”，在法律面前人人平等。但高官贵族和普通百姓“同罪不同罚”，在法律中也有所体现。就如唐代的刑法特权制度中的“八议制度”，指当皇帝的亲戚、皇帝的旧故、谨慎德行者、有大才艺者、有大功勋者、三品以上职事官及有一品爵位者、有大勤劳者、前朝国君及后代犯罪时，属于“八议”的适用对象，这些人犯罪，司法机关不能直接审理，而是要上报皇帝，然后由大臣“集议”，最终由皇帝定夺。而且皇帝大人还有一票否决权。

若是你真的不小心犯了事，你又刚好有个亲戚是朝廷里有权有势的官员，那么，只要花点小银子，你就可以平安无事地出来了。

中国的封建社会是一个等级特权社会，同时，封建社会也是以特权来维系并运转的，等级特权的规定意味着不同身份的人具有不同的社会地位和不同的权利，从实质上讲，等级越高，所享有的特权越多，等级越低，所享有的特权相对就越少，而平民百姓则没有任何特权。整个封建社会就是通过这种特权制度得以运转的，而法律作为统治阶级实行专制统治的工具，当然要维护这种特权制度，以实现法的阶级统治的职能。

这个时候你肯定不耐烦了，这也不好，那也不好，那干脆不直接穿越到唐朝境内，去个其他国家，做个外国人，然后以其他身份进入唐朝境内，这样，你的法律对我效果不大吧。

哎呀，这个问题唐朝官吏早就商讨过了，你来了，照样有法律制约你。

出入唐朝的外国人按其身份，可以大致划分为两种：一种是各国政府派出的人员，诸如各国的外交使节以及留学生等；另一种则是民间形形色色的各类人，如各国来唐经商的商人和僧侣等。

唐朝对于外国人的管理还是比较严格的，为此发明了一种铜鱼符，有雌雄之分，并刻上国家名字，不同季节给外国使臣不同的铜鱼符，各国外交使节到达唐朝边境，必须出示唐朝颁发给各国的铜鱼符，这种铜鱼符分为两半，一半交予各外国使节，一半唐朝自己保留，外国国使须按不同的出访月份出示不同的符鱼，唯有两半铜鱼符核对无误，才准进入唐朝。

蕃客在进入长安之前，负责沿路护送的人员，不得私自同蕃客交谈，同时也禁止蕃客同沿途的百姓随意交流，另外，沿路所经过的州县的官员也不得私自会见蕃客，如若违反，则严肃处理。对于来唐学习的学生或者来经商的商人，唐朝还是热烈欢迎的，只要别闹事，一切好说。

穿越到唐朝，遵纪守法，则德礼相待，不然，大刑伺候。法律无情，还是乖乖做个良民吧！

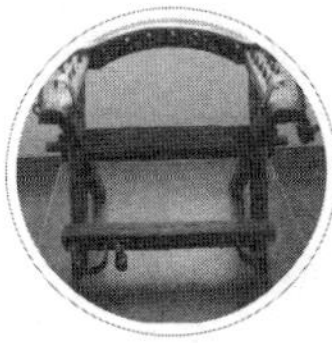

第2章

原来牢饭不好吃｜监狱制度

你把长安的大街小巷都游遍了，什么旅游胜地啊，酒吧茶馆地摊啊，也都看过了。那么我接下来带你去的地方，你肯定没去过，好奇想去又有点恐惧。走吧，唐朝监狱一日游！

唐代是中国封建社会的鼎盛时期，监狱思想和监狱制度已相当成熟和完备。在“德主刑辅、礼法结合”的法律思想指导下，形成了依法治狱、以礼治狱、宽仁治狱、以威治狱的监狱思想；并指导着监狱立法和监狱执法，形成了严密的思想和制度体系，呈现出封建帝国统治思想、治国理念、管理制度上的完备和成熟状态，使唐代的监狱制度走在了当时世界的前列，并对后世及东亚诸国产生了深远影响。

监狱，就是关押犯人的场所吗？那你想得就太简单了，唐朝的监狱可是集多功能于一身的。唐朝监狱与现代监狱不同，现代的监狱在本质上是国家行政机关，是刑罚执行场所，它不具有司法审判的权力，也不是拘押未决犯的场所。而唐朝监狱则不一样，首先，它是拘押未决犯的场所，另外，还有审判和刑罚执行的功能，从本质上来看，唐朝监狱属于司法机关。

唐朝监狱的机构设置分为中央和地方两大系统。中央监狱包括大理寺狱和御史台狱，具体来讲，大理寺狱主要关押收禁中央各部、司、寺、监的犯罪官吏，以及京城的重要罪犯，还有外地押至京城的钦犯、重犯等，由大理卿、少卿管辖，具体公务则由寺丞率狱吏具体管理。御史台狱，也称台狱，主要收禁御史弹劾的官员以及皇帝交办的大案要犯，由御史大夫、御史中丞管辖。

既然你穿越成普通老百姓，那么就去地方的普通监狱看看吧。

唐朝监狱跟以前的监狱可不一样，对各类罪犯没有实行混押杂居，而是采取更先进、更文明的方法："囚徒贵贱、男女异狱"，即对于囚徒论高低贵贱而实行分管分押和对男女囚犯实行分开关押。这种"分押分管制度"直接推动了我国封建狱制的发展。

如果罪犯刚走到监狱门口，一拍脑门，在外面晒的被子忘收了，还有一堆杂事没做，可以申请暂行释放不？听起来荒谬，其实唐朝历史上还确有暂行释放狱囚这一事件。正当春暮时雨，农田播种之时，一县令召集县狱中轻刑犯十数人，令其归家耕种，并约定到期回归系所，囚犯感恩戴德，约定时间一到，都自觉回到狱中。这是唐初，唐代的政治形势比较稳定，统治集团运用这样的手段，显示农本刑末，标榜国泰民安的升平景象，也是宽仁治狱思想的具体反映。

路过监狱的拷问室，血迹斑斑的墙上挂着这种各样的狱具。你可别小看了这些狱具，唐朝为了促进监狱法治，限制监狱滥施狱具、戒具、凌虐罪囚的现象，在法律上对狱具制度作了详密的规定，即对狱具的种类及规格用法律形式加以统一。

唐代的法定狱具主要有枷、杻、校、钳、锁等。枷是一种束颈的狱具，一般规定长五尺以上，六尺以下，阔一尺四寸以上，一尺六寸以下，径头三寸以上四寸以下；杻，是一种木制的手械；钳，是以铁束颈的刑具；锁，即锁链。

由于唐代采取的是犯罪事发地就地审讯和拘押的原则，所以狱囚的粮饷一般由狱囚家属自理，这样既可减轻国家的负担，也可防止穷人以囚粮为生计的企图。至于所被囚地离家较远，粮饷难以及时供给的，则采取官府先垫支的办法，由官府先予供给，待告知家属并到达后，再由其家人补还或按价付钱。

囚犯在监狱生病了怎么办呢？答曰：看医。唐律规定，狱囚犯病的，监狱要给予医治。"囚有疾病，主司陈牒，请给医药救疗"，但病囚需经监狱管理人员的认可，由主司陈蝶上报，并通过严格手续，确认后才能获准。“病重者，脱去枷、锁、扭，仍听家人一人入禁看待”，就是说病重并经查实的囚犯要予以脱去狱具，还准许其家属入狱探视。

不错吧，唐朝监狱的“悯囚制度”还是很深入基层的。

唐代统治者为了稳定社会统治和监狱的安全，以发挥其镇压的作用，在法律上对破坏和危及系囚制度的犯罪行为，进行严厉的打击。

对于囚犯的越狱脱逃行为，唐律规定：“诸被囚禁，拒抗官司而走者，流两千里；伤人者，加役流；杀人者斩，从者绞。”越狱者要被施以笞刑，流放两千里；而“加役流”是唐代仅次于死刑的刑罚，即流三千里，役作三年；对于在越狱中杀人了，要被处斩，帮助越狱者，也要被处以绞刑。

对于劫囚和窃囚行为，更为唐律所不容，这可是被列为极其严重的贼盗犯罪，得用重刑处置。“诸劫囚者，流三千里，伤人及劫死囚者，绞；杀人者，皆斩。”就是说以威胁或暴力手段强行劫夺狱囚，而不论其得逞与否；因劫囚而杀人的，不分首犯、从犯，依律规定皆处斩刑。

唐代的法律如此严密，监狱里会不会人满为患呢？这种情况是不会发生的，而这得归功于唐朝的“录囚制度”。

“录囚制度”自西汉形成以来，主要用于平反冤假错案，疏理久拖不决的案件，但发展至西晋时期及以后，逐渐成了皇帝恩赦的一种方式，到了唐代以后，录囚制度已经失去了其原本平冤理滞的作用，完全成了一种皇帝赦免囚犯的工具。

什么是“平冤理滞”呢？上面一直说唐朝统治者遵循“慎刑恤囚、宽仁治狱”的思想，但这并不代表监狱就没有冤案滞案。

因为监狱是关押未决犯的场所，必定就包括了犯罪嫌疑人，而官府为了破案方便，往往不经过侦查就把所有有嫌疑的人都抓进监狱，在所有嫌疑人的关押期间再侦查审讯。甚至为了提审方便也将证人和原告关押在监狱之中，加上古代经常出现的逆党、谋反等重大政治案件的牵连犯、从犯、连坐犯等，往往人数众多。所以在古代监狱中，犯罪嫌疑人、证人、原告、从犯等，全都长时间地关押于牢狱之中，自然而然造成冤狱滞狱。

这么跟你说吧，唐代虽然在社会、政治、经济方面的发展都达到了封建社会前所未有的水平，国家法律制度达到了空前的完善，但是仍然摆脱不了封建社会剥削与被剥削的阶级本质，唐代的监狱管理体制主张“德主刑辅、礼法结合”，但是也摆脱不了其身为封建监狱的性质，监狱中虐待囚犯、刑讯逼供的情形也难以计数。

大量的冤狱滞狱的存在，再加上古代封建统治者重视农时，大量的冤狱滞狱又往往会损害到农业发展，从而动摇封建统治的稳定基础，出于安抚民怨，需要进行经常性的录囚活动。

再有就是自然灾害的原因，古代封建社会统治阶层深受“天人感应”思想的影响，朝政混乱、政事失败、暴政统治、刑罚冤滥则会惹怒上天降下各种灾异，终会江山不保。所以自然灾害的发生往往被认为是上天对当朝统治者执政不当的警示和惩罚，既然这样，统治者肯定会做些事情来缓解社会矛盾，录囚就是其中最直接的方式之一。

你说你还不太明白？那么《窦娥冤》你肯定知道吧，其中六月飞雪现象就是古人对“天人感应”最形象的理解，监狱冤情太重，天降异象。怎么办？释放囚犯，疏通冤情，排解冤情，以示皇恩浩荡、体恤民情，让老天保佑国泰民安。

等不到大赦的囚犯在监狱干什么呢？唐律规定：被判处徒刑和流刑的罪犯，在服刑期间，要强制居监和劳役。戴上手链脚铐，拉去修宫殿、建宗庙、筑桥道，活脱脱的免费劳动力啊。

现在知道牢饭不好吃了吧！不过你要是个美女，那可能还有些转机。据说唐代著名的奸臣李义府，有一次听说牢里关了个美丽的女子。这女子有多美呢？美到能让李义府叫监狱长把她给放了。李把美女带回家做了自己的小老婆。后来，有人向皇上告发了这件事，这个监狱长可吓坏了，要知道私放囚犯的罪名可不小。监狱长跑去向要求他放人的李义府求助，谁知道这李义府一口咬定根本没有这回事，让监狱长有多远走多远。这监狱长是哑巴吃黄连有口说不出，走投无路只好上吊自杀了。唉，真是个悲剧。

第3章

珍爱生命，远离酷刑丨唐朝的刑罚

要真正了解唐朝酷刑，还得从五刑制度说起。

唐朝五刑制度，即唐朝刑罚体系中的笞、杖、徒、流、死五种法定刑罚制度。该五种刑罚制度是整个刑罚体系的核心内容，唐朝其他的刑罚制度都是围绕这五种刑罚制度展开的，包括后期的各种酷刑，都是在这五刑基础上的加强。

五刑具体包括笞刑五、杖刑五、徒刑五、流刑三、死刑二。笞刑五分别是：笞一十、笞二十、笞三十、笞四十、笞五十；杖刑五分别是：杖六十、杖七十、杖八十、杖九十、杖一百；徒刑五分别是：一年、一年半、二年、二年半、三年；流刑三分别是：两千里、两千五百里、三千里；死刑二分别是：绞、斩。

笞刑，是以竹、木板责打犯人背部、臀部或者腿部的轻刑，是针对轻微犯罪而设立，或作为减刑的刑罚。从笞刑适用对象来看，作为一种轻刑，其主要适用于窃盗且不得财、斗殴且未伤人、负债违契不偿等轻微违法犯罪行为。这些行为实际上多为民事违法行为和轻微刑事案件，可以说笞刑是五刑中最轻的一种。

杖刑仅重于笞刑，是用三尺五寸长的竹杖击打犯人的背、腿、臀部，故带有身体刑罚的明显性质。《唐律》中规定，杖刑可以叠加，但不能超过两百。此外，杖刑除适用于较轻犯罪外，还适用于拷讯囚犯以获得口供。

徒刑的特征是以强制苦役为手段剥夺自由，在时间上有规定的持续性。唐之徒刑共五等，以一年为底线，以半年为等差，上限是徒刑三年。“徒者，奴也，盖奴辱之。”既让犯人戴枷或束钳，剥夺其自由，又强制服劳役，这种剥夺罪犯人身自由，并强制服役施以耻辱的刑罚显然比杖刑要重。

流刑，流刑又称流放，这个大家肯定很熟悉，是指“把罪犯押解到边远的地方服劳役或戍守，不得离开该地区的刑法”。唐朝的流刑主要应用于对下列犯罪的惩罚：第一，触犯皇帝与王朝根本利益的犯罪及相关者；第二，思想言论方面的犯罪；第三，触犯军法；第四，触犯封建礼教的犯罪；第五，妨害管理秩序罪；第六，官吏贪污罪；第七，扰乱公共秩序、危害人身安全方面的犯罪。

死刑，顾名思义，就是致死之刑，即剥夺罪犯生命的刑罚。死刑是中国最古老的刑罚之一，也是五刑之中最重的一种刑罚。唐朝广义上的死刑分为绞、斩两种法定的死刑执行方法。绞刑就是用绳子把犯人勒死；斩刑你应该很熟悉了，就不过多介绍了。

上面介绍的是唐朝正统的“五刑制度”，制度是人定的，法也是人实施的，不过一旦司法者变了味道，法律也只是一堆白纸。

说到酷刑，绝不是唐朝独有，可以说历朝历代屡见不鲜。

奴隶社会就流传下了各式对肉体摧残的刑罚：墨（又称黥刑，在面上或额头上刺字涂墨）、劓（yì，割去受刑人的鼻子）、膑（剔去膝盖骨，著名的孙膑就曾受此刑）、宫（破坏受刑人的生殖器官）、大辟（即死刑）。

对于死刑，执行的方式也多种多样，有些极其残酷，比如商代末期纣王执政时，出现的炮烙：在铜柱上涂油，下加炭火烤热，令有罪者行走其上，最终坠入炭火中烧死；醢刑：将受刑人捣成肉酱，又称菹刑；脯刑，将受刑人杀死并晒成肉干。

为了维护巩固自己的统治，当权者往往会采取严厉残酷的刑罚来打击反叛者，即便是一向主张“德主刑辅”的唐朝也不例外。在这里，作为中国历史上唯一的女皇帝，我们不得不提武则天时期的酷吏。

武则天以女性的身份登上皇位，在封建王朝“男尊女卑”的思想下来看，是有悖三纲五常的，所以遭到了唐王朝许多官员的反对，尤其是李唐王室及旧臣。为了维护其武周政权和个人权威的政治势力，不得不任用大量的酷吏来进行诛杀以立威，为掌握国家统治大权，她毒死了已立为太子的亲生儿子。

武则天时期的酷吏由于多数出身无赖，靠告密起家，就如来俊臣有犯罪前科，侯思止甚至目不识丁，这些人的任命往往由武则天来决定，未进行法律知识的学习便直接为官，他们能否按照律法程序审案便可想而知。这些酷吏在执法过程中，大多都采取了罗织罪名、酷刑逼供和大肆牵连这三种方式，这也使得监狱中千奇百怪的酷刑应运而生。

唐代后期，唐王朝一蹶不振，内有官吏贪污腐化、朋党之争、宦官专权、藩镇割据，外有吐蕃、回纥侵扰，同时阶级矛盾激化，农民的反抗斗争日益激烈，唐王朝已经陷入了全面的统治危机之中。面对这样的局面，统治者只有抛弃唐代前期“宽简”“慎刑”的指导思想，而采用“刑乱邦用重典”的指导思想。

纵观整个唐朝，甚至整个封建统治阶级，儒家思想对古代朝代的影响是越来越深远，唐朝尤为更甚，同时，为了加强封建统治，统治阶级往往是运用酷刑，重用酷吏，达到威慑效果，于是“唐朝十大酷刑”便诞生了。

唐朝十大酷刑：

第一，杖杀。杖杀是唐朝政府运用极其普遍的刑罚，是一种用重杖击打屁股处死罪犯的行刑方式。这也是由唐朝刑罚制度“五刑”中“杖刑”所变异而来，是为满足统治者需要而形成的一种变态的刑罚手段。杖刑本属于轻刑，但当把它作为死刑的执行手段后，就非常的残酷，常常令罪犯血肉淋漓而死。

第二，腰斩。腰斩是用重斧从腰部将犯人砍作两截，执行后犯人往往一时还死不了，活生生地承受被斩成两段的痛苦，所以比起斩首要残酷得多。

第三，弃市。弃市是在闹市执行死刑并将犯人暴尸街头的一种刑法，这是一种很普遍的刑法，在闹市当众杀人可以威慑百姓，维护统治者的威严。

第四，枷刑。枷刑本不是死刑，但唐书里记载的巨枷，人戴上去就要痛苦而死了。《旧唐书·酷吏传》记载：“作大枷，凡有十号：一曰定百脉，二曰喘不得，三曰突地吼，四曰著即承，五曰失魂胆，六曰实同反，七曰反是实，八曰死猪愁，九曰求即死，十曰求破家。”

第五，戮刑。戮刑是既剥夺犯罪人生命又加以侮辱的刑罚。古时戮刑可以分为两种，生戮和死戮。生戮是先戮后杀，死戮是先杀后戮。在古代，人们将戮刑视为奇耻大辱。

第六，车裂。车裂就是五马分尸，把人的头和四肢分别绑在五辆车上，套上马匹，分别向五个不同的方向拉拽，直至把人的身体撕裂成五块。唐昭宗天祐二年（905 年），唐朝廷将太常卿张廷范在首都闹市中车裂。五马分尸这本是早已废止的古老的严厉刑罚，但唐政府又复用，由此可见唐政府是越来越残暴，内心是越来越懦弱。

第七，灭族。灭族刑就是株连刑，一人犯死罪家族所有人都要死。因一人有罪而牵连自己父母、妻妾、儿女、亲人、朋友等等和自己有关系的人都要倒霉遭殃。唐朝藩镇互相屠杀用灭族刑已习以为常，唐朝之混乱可想而知，屠族灭门惨祸在混乱的唐朝为家常便饭。

第八，剐刑。剐刑就是把人绑在竹楂上拽来拽去，肉被剐尽直至露出白骨，然后再杖杀，这种做法是极其残忍的，受刑者能够看到自己的肉一块块地被剐下，与五代时期的凌迟很接近。

第九，地狱刑。唐朝是中国恶吏最盛行的时代，“招集无赖数百人，令其告事，共为罗织，千里响应”，而恶吏施展才华的地方当是牢狱。“取大瓮，以炭四周炙之，令囚入中”，这是大家都熟悉的“请君入瓮”的刑法，当是“烹煮瓮刑”；“掘地为坑，实以棘刺，以败席覆上，领囚临坑讯之，必坠其中，万刺攒之”，这当是“万刺坑刑”；“纺囚梁上，缒石于头。讯一囚，穷根柢，相牵联至数百未能讫，衣冠气褫”，这当是“缒石断头刑”；“令寝处粪秽，备诸苦毒。自非身死，终不得出”……由于唐朝酷罚刑法太多太混乱，名目繁多，根本难以概述，这些五花八门、千奇百怪的整死人刑罚都发生在唐朝监狱之中，而此监狱实在比地狱还可怕，故以“地狱之刑”做草率的简述集汇。

第十，无罪刑。唐朝是大部分时期战乱的年代，司马光评论：“祸乱继起，兵革不息，民坠涂炭，无所控诉，凡二百余年。”唐朝本身就如同一个大监狱大牢房，人民在唐朝社会受尽磨难，无罪而受尽刑罚。

此外，五代十国时期刑罚残酷，有决口、灌鼻、割舌、折腔、刀锯、肢解、刳剔、炮炙、烹蒸等酷刑，但很少有人知道这些酷刑大多也产自唐朝。五代只是唐朝割据的延续，五代十国时期记载的各种残酷刑罚大部分是继承于唐朝，五代十国的国君的前身都是唐朝割据军阀，他们运用的刑罚大部分是继承于唐朝的。

第十四篇

人生七十古来稀，到了法定退休年龄了怎么办

不知不觉在唐朝过了大半辈子，都到了退休的年龄了。于是你脱去了公务员的制服，拿着朝廷发的养老金，高高兴兴回家养老去了。如果你没能考上科举，在唐朝做了大半辈子的平民百姓，又没娶上媳妇生个娃，那也别担心没有人给你养老。老弱病残都别担心，唐朝的福利制度会让你安然度日的。

第1章

当了大半辈子公务员，也该歇歇了 | 致仕制度

你穿越到唐朝成为一个读书人，费了九牛二虎之力通过科举当上了一名官员。随后你在官场上左右逢源，躲过了很多算计，又凭借小聪明获得了皇帝的喜爱，走上了人生巅峰。

不知不觉你在唐朝度过了好多年，转眼都快要七十岁了。话说某天早朝结束，皇帝让你单独留下来去御书房等他。什么事呢？难道你都快七十岁了皇帝还想给你升个官？原来，这皇帝啊是想跟你谈谈关于你“致仕”的问题。

你在唐朝这么多年，对这些官场上的专有名词早就烂熟于胸了。这致仕呢，就是现在我们所说的退休。皇帝是看你年老，让你退休回家养老呢。唐朝法律规定，官员年满七十，就应该告老退休。你即将满七十，是该收拾收拾回家享清福了。谢过皇帝之后，办完一系列手续，你就拖着年老衰弱的步子去坐车回家了。

你心里还是很开心的，毕竟这一生也是传奇的一生，不仅玩了把一般人玩不了的穿越，还能在一千多年前的时代做这么多年的国家公务员。

坐在回家的马车上，你脑海中走马灯似的过了一遍这唐朝官场上的一生，感觉自己还是很幸运的。没有遭贬过，遇到算计总能躲避过去，皇帝信任，同僚尊敬，也算是十分圆满了。而且唐朝虽然没有双休制度，但是该放的节日也放假，婚假丧假病假也都批，每十天还要休一天的“旬假”，每天下朝后的工作时间也不超过八小时，大多数时间都是和朋友一起游玩。这日子还是挺好的。

不过退休之后的日子会怎样呢？在家待着只怕要闷死人，所以有人硬要继续任职不愿意退休。唉，你还别不信，真有这样到了退休年龄却不愿意退休的人呢！

比如武则天时期的一位名叫侯知一的兵部侍郎。他七十岁的时候朝廷要他退休回家养老。可是侯知一心里一百个不愿意退休。他给武则天写了一个奏章，表示自己欣逢盛世，心情舒畅，身体健康，要晚几年退休。为了向大家证明自己身体很好，可以继续为官，他在上朝时“踊跃驰走，以示轻便”，七十岁的老人了，为了保住公务员的头衔，着实是不容易啊。

还有唐玄宗时期的太府卿杨崇礼，他是唐朝官员中年纪最大的，年过九十才退休。因为他所就职的太府管理着国库和市场贸易，在他的领导下每年能赚出数百万缗钱，皇帝当然舍不得让他退休。

唐朝的很多官员都不太愿意按时退休，因为一退休他们的收入就会大打折扣，唐朝法律规定，退休了之后呢，五品以上者致仕，终生可以享受半俸，特例可给全俸。六品以下者，按旧制前四年给半俸，天宝时令给至终生。除了经济收入缩水外，社会地位也会有所下降。这就是一些官员不愿意退休的原因了。

不过有些人到了年龄不愿意退休继续在朝，也有些人明明没有到年龄也没有做错事情的情况下却会被要求退休。这是为什么呢？说出来啊你肯定会大吃一惊。这些官员被“劝退”呢，是因为他们形象长得显老，形象不好。是不是很震惊啊？这唐朝做官怎么跟选美似的，还在乎官员的长相，长得不好看、显老，还会影响政治前途。唐朝统治者为了鼓励官员好好对待自己的“面子工程”，每年冬天要给官员们赠送一些化妆品。这真是让我们这些现代人大开眼界了。所以啊，你可以去找那些因为长相衰老而提前退休的官员一起品茗下棋，谈谈你在这唐朝的大半辈子。

第2章

有困难，找政府|养老制度

如果你穿越到唐朝，在民间过了普通的几十年，膝下无儿女，老伴又去世了。这时你已经老了，手脚虽然还利索，但是毕竟年纪大了，也干不了重活，还没有保险可以买，退休前的工作也没有事业编制，于是只能坐吃山空了。

如此凄惨的境遇下，该怎么办呢？别伤心啦，老人家，唐朝政府会照顾你的。

唐朝这样一个富饶昌盛的国家，怎么会不管老人呢？放心吧。唐朝的养老制度在封建社会中还是十分完善的。政府对于老人的养老问题十分关注。比如唐朝的均田法就规定了，老人和残疾人均可以免费拥有四十亩田地，是不需要交税的。这样一来你有了田地，虽然自己种不了，但是可以雇人给你种地呀。这样你就有了基本的生活保障了。光有粮食还不够啊，等你再老点，到了不能自己烧饭的时候，就算有粮食也吃不到啊。别担心，政府派人照顾你。因为唐朝实行一种“给侍”制度。

这给侍制度的具体要求，是给年满八十岁或者没到八十岁但是身患疾病的老人配备侍丁。这侍丁，就是我们现在所说的保姆。等老人到了九十岁了呢，就给两个侍丁。要是老人长寿活到了一百岁，那政府就给配三个侍丁。后来政策修订过之后，百岁老人就给配五个侍丁了，闲下来还能凑一桌麻将。

看来唐朝的政府对老人的养老问题确实是十分上心的。除了给侍之外，唐朝的统治者们还经常对老人进行赏赐。什么时候赏赐呢？那可就多了，像什么皇帝即位、册立（立皇太子、立皇后、立皇太后）、祭祀（祭天、祭神、祭祖、祭拜帝陵）、改元、巡幸、遣使巡行、征伐、狩猎、宴请平民老人、病愈（太上皇或皇帝病愈）、皇帝生日等等，只要皇帝高兴了或者是事情实在重大，都会下令“赏”。赏些什么呢？可不是骏马毛驴之类老人不能骑的，也不是书本典籍之类老人看不清的，赏的啊，都是老人们生活中需要用到的，比如粟、帛、米、面、麦、肉、衾、医药、毡、袍等等生活必需品。看看人唐朝人多实在，要赏就赏能物尽其用的东西。

像你这样的孤寡老人呢，受赏的东西会比一般的平民老人多。因为在唐朝，鳏寡孤独被视为是“天下之穷民而无告者”，所以政府也会给你们额外的照顾。所以安心地过你的晚年生活吧。

唐朝政府除了会给你们这些老人经济上的保障，有时甚至会提高你们的政治身份。别不相信哦，有时皇帝会给老人授官衔。一般男性老人被授予的官衔名号有：刺史、太守、司马、长史、上佐、县令等，女性老人被授予的官衔有郡君夫人、郡君、县君、乡君等。很不可思议吧？可是这种事情却真的发生在唐朝。有些老人一辈子没能考上科举做上官，却在八九十岁高龄“当了官”，也算是了却心愿了。不过这些老“官员”们只是享有官衔而已，是不能参与处理事务的。即便是没有实权，这些授封的老人也会很开心呀。

了解了唐朝的养老制度，有没有把心放回肚子里呢？有田地，有人照顾，有赏赐的各种生活必需，连官职都有。老人家，你有什么理由不在唐朝多过几年呢？

第3章

老弱病残别担心，和尚尼姑照顾你 | 民间慈善机构

前两章咱们可以了解到，不管你是当官的还是个普通百姓，到老了政府都会给予你一定的生活保障，基本不用担心没人给你养老送终的问题。那么，如果你穿越成了“老弱病残”中的其他三个人群之一，生活会怎么样呢？同样，大唐政府会保护你的。

假如你是“弱”这个群体的，也就是妇女或者小孩，那么政府相应的保护措施有以下这些。对于妇女来说呢，首先是婚姻法上的保护，也就是之前提到过的不准男子随便休妻。妇女犯罪所受到的刑罚也跟男子不一样，有些时候会宽免。而且唐朝法律还针对妇女性侵这一块制定了严格的法律，保障了妇女的权益。

婴儿到少年这一时期，也属于“弱”的范畴，政府对于他们也有相应的保护措施。比如，不允许孕妇堕胎，堕胎的夫妻要坐两年牢。还有孕妇如果犯了罪，要等到产后一百天之后才能接受处罚。以上这两条是保护还没有出生的婴儿。如果是十五岁以下的少年犯了罪，可以通过钱财来赎刑。十岁以下的小孩犯了死罪，官员是不能直接判刑的，必须交给皇帝亲自审理。如果有小孩七岁就犯了死罪，那除了死刑之外不能有附加的其他刑罚。看看，对于弱者的保障还是挺多的吧。

对于“病”这个群体，大唐政府有什么保障措施呢？你可以去医院看病哟。唐代地方州一级行政单位都设有官方医疗机构，主其事者为医博士。“医学博士以百药救疗平人有疾者。”什么？你说没钱买药？没事的，对待生病的病人，政府会发给药物，帮助病人进行治疗的。

接下来是残疾人群体了。唐朝对残疾有明确的规定，并且将残疾分为三等，具体的分类为：“诸一目盲、两耳聋、手无二指、足无三指、手足无大拇指、秃疮无发、久漏下重、大瘿瘇，如此之类，皆为残疾。痴痖、侏儒、腰脊折、一肢废，如此之类，皆为废疾。恶疾、癫狂、两肢废、两目盲，如此之类，皆为笃疾。”为了保障残疾者的正常生活，唐政府根据“三疾”情况的不同，对残疾者进行一些物质上的救济、受田优待、减免赋役和收容侍养等救助，对笃疾严重者还配给侍丁。

老弱病残都有了政府救济，日子是不是就好过了？其实呢，也不尽然。因为政府的力量毕竟有限，无法顾及全部的人。这个时候，有一个地方的作用就充分地发挥出来了，那就是全能的寺庙。前面的章节已经提过了，寺庙可以接纳旅人住宿，可以提供看戏的场所，可以接纳看破红尘的人遁入佛门。

而且佛教讲究普度众生，慈悲为怀，对于老弱病残也有着帮扶措施。比如，寺庙里设有“病坊”，来为一些生病的穷苦人治病。而“医生”呢，就是寺里的一些通晓医术的和尚了。唐朝的和尚也是不简单，还能时不时地脱下袈裟披上白大褂来个跨界。寺庙还为那些上不起学的孩子开设了学堂，教授文化知识。当然，“老师”也是和尚。这些和尚不仅可以敲木鱼，还可以拿教鞭呢！对于残疾人而言呢，如果你实在走投无路去了寺庙，那里的和尚也会好生照顾你的，放心吧，你在这佛门清静之地，虽然吃不到大鱼大肉，但吃着纯天然绿色食品，还能天天听到读书声和念经声，说不定还能悟出点什么人生哲学呢。

图书在版编目(CIP)数据

假如生活在唐朝 / 沈清婵著. —北京: 中国法制出版社, 2019.7
ISBN 978-7-5216-0320-0

Ⅰ.①假… Ⅱ.①沈… Ⅲ.①中国历史－唐代－通俗读物
Ⅳ.① K242.09

中国版本图书馆 CIP 数据核字(2019)第 134814 号

策划编辑: 李　佳(amberlee2014@126.com)
责任编辑: 李　佳　刘冰清　　封面设计: 汪要军

假如生活在唐朝
JIARU SHENGHUO ZAI TANGCHAO
著者 / 沈清婵
经销 / 新华书店
印刷 / 河北鑫兆源印刷有限公司
开本 / 710 毫米 ×1000 毫米　16 开　　印张 / 13　字数 / 185 千
版次 / 2019 年 7 月第 1 版　　2019 年 7 月第 1 次印刷

中国法制出版社出版
书号 ISBN 978-7-5216-0320-0　　定价: 42.00 元

北京西单横二条 2 号　邮政编码 100031　　传真: 010-66031119
网址: http://www.zgfzs.com　　**编辑部电话: 010-66034985**
市场营销部电话: 010-66017726　　**邮购部电话: 010-66033288**
(如有印装质量问题, 请与本社印务部联系调换。电话: 010-66032926)